切腹 日本人の責任の取り方

山本博文

光文社新書

目次

第二章　罪と罰と切腹

第三章　なんとも切ない切腹

第四章　御家騒動と切腹

切腹の図（明治大学刑事博物館蔵『徳川幕府刑事図譜』より）

はじめに――四百三十一人の切腹絵巻

江戸時代、不祥事を起こした武士は、腹を切って責任を取った。問題は、どの程度の落ち度で切腹する必要があったかということである。

幕末から明治初期にかけて安芸《あき》広島藩主だった浅野長勲《あさのながこと》は、食事のあり方を回想して、次のように述べている（「大名の日常生活」）。

時には食物の中にごみがはいっていることがあって、それを人に見せんように隠そうとするが、大きなものは隠しきれんので困るのです。一度どうしたのか、鼠の糞がはいっていたのを、どうしても隠しおおせんので、大騒動になったことがあります。これは打っちゃって置くと、腹を切らなければならんようになるので、特別をもって許すということにした。それも何か言草《いいぐさ》をつけて、已《や》むを得ず入ったのだ、ということにして許したのです。

藩主の食事に鼠の糞が入っていたりすると、給仕にあたった小姓《こしょう》や小納戸《こなんど》、あるいは御《ご》膳番《ぜんばん》などが穿鑿《せんさく》（取り調べ）され、責任を問われることになる。そしてその責任の取り方は、「打っちゃって置くと、腹を切らなければならんようになる」という過酷なものだった。

小さなミスで腹を切る者が出ないよう、藩主は少々のごみなら隠そうとした。建前を維持しながら、実際にはそういう犠牲者が出ないように計らうのも藩主の心得だったのである。

江戸時代では、死ぬに値しない罪や手落ちでも、死ななければならないことがよくあった。江戸時代の武士はたいへん厳しい倫理を要求されており、現在ならどうということもないことで切腹に追い込まれたのである。

たとえば薩摩藩では、門限に遅れただけで切腹を命じられた。ある旗本が、門限に遅れて切腹しようとした薩摩藩士の助命を願ったところ、藩主は快く許すと応じたが、藩の家老は切腹できなかったことが不届きだとして改めて切腹を命じ、介錯をするはずだった武士にも、「遅れをとった（失敗した）」という理由で切腹を命じたという話まである（北原進『百万都市江戸の生活』）。

事の真偽は不明であるが、たとえ噂に過ぎないとしても、このようなこともあり得ると思われるような社会だったのである。
また、ミスや不適切な行動だけではなく、人に侮辱されただけでも、切腹の原因となった。旧幕臣の本多晋《すすむ》は、同宿していた本多巳之助という者が人に侮辱されたために切腹した事件を紹介している（「屠腹《トフク》ニ関スル事実」）。
巳之助は有名な柔術家から免許皆伝を受けたほどの武士で、修行にも一心不乱で正直一遍だった。徳川慶喜《とくがわよしのぶ》の上洛中、京都に随行した巳之助は、同僚と喧嘩口論をして大いに侮辱されたが、殿中（二条城）だからということで屈辱を忍び、二、三日後の夜中、切腹して果てたという。本多は、次のように回想している。

同僚に恥められたるも殿中故《ゆえ》に忍んで帰り、其《そ》の面目を立《たて》る為潔く自殺したるは、昔の武士気質《かたぎ》でありますから、御《お》怨《うらみ》も受けぬのみか、人々に賞賛せられ終《つい》に其弟金五郎に家督相続を命ぜられました。

幕末であっても、面子《メンツ》を重んじる武士気質は健在だった。しかもこのような自滅行動が、武士らしいとして賞賛さえされたのである。これは、今からたった百四十年ほど前（一八六四年）の出来事である。

第三章で紹介することになるが、結果的に財政政策がうまくいかなかった時には、その担当者に切腹が命じられるようなこともあった。

たとえば、経済財政・金融相竹中平蔵氏（二〇〇三年五月現在）が、インフレ・ターゲットを設定して紙幣を濫発《らんぱつ》したとしよう。その場合、かなりの確率で物価が高騰し、庶民は困窮の挙げ句、竹中氏を恨むようになるだろう。しかし、そのことによって、竹中氏が責任を問われることはおそらくない。あったとしても、せいぜい辞職するぐらいのことであろう。

しかし、江戸時代だとそれでは済まない。そうした場合は政策の妥当性が吟味され、政策立案者の見込み違いだということになれば、次のように申し渡される（『会津藩家世実紀』）。

国民甚《はなは》だ潤い候様《そうろうよう》に度々《たびたび》申しなし候処《ところ》、かえって大いに御不益に相成り、士民ともに悉《ことごと》く痛み候仕方《しかた》、旁《かたがた》以《もっ》て罪蹟《ざいせき》軽からざる義、不届き至極《しごく》。

——国民がたいへん潤うというようにたびたび言っていたのに、かえって大いに不利益になり、士民ともにみな苦しむ政策で、その罪は重く、不届き至極である。

申し渡しで「不届き至極」というのは、重罪の場合の決まり文句であり、会津藩では藩札《はんさつ》発行を実施して物価高騰（インフレ）をもたらした担当者が切腹に処せられている。江戸時代では、主観的な意図ではなく、結果責任が問われたのである。

また、さしたる悪事がなくても、武士にふさわしくない行動をとったとみなされれば、それだけで切腹相当の罪であった。詳しくは後述するが、他藩との紛争を回避するために慎重な態度をとった武士が、謂れのない世間の噂に晒《さら》され、やがて藩当局の穿鑿に対して事実を述べているうちにどんどん立場が悪くなり、ついには切腹に追い込まれたケースもある。ただ一つの軽微な判断ミスが、身の破滅に繋がることもあったのである。

本書で少しでも触れる切腹者は、四百三十一名に及ぶ。どんなことをした武士が、どういう理由で切腹を命じられたのだろうか。また、江戸時代に成立した切腹という責任の取り方は、現在の日本人にどのような影響を与えているのだろうか。

これらの点に留意しながら本書を読んでいただき、日本的な責任の取り方の美点と、それと分かちがたく絡みついている欠点に思いを馳せていただきたいと思う。

※史料の引用は、読者の便宜を考慮して、書き下し文にし、濁音・句読点等を補った。

第一章　ハラキリ略史

第一節　切腹の来し方

いつ、誰が腹を切り始めたのか

切腹という自死の方法は、「ハラキリ」としてヨーロッパでも有名である。切腹の風習はモンタヌスの『日本誌』にも書かれているが（159ページ・コラム参照）、それがヨーロッパに知れ渡ったのは、慶應四年（一八六八）二月二十三日、堺警備の任にあってフランス人水兵を殺害した土佐藩士十一名が、フランス公使の見守るなかで次々と腹を切った堺事件（201ページ・コラム参照）によるものと思われる。

切腹した土佐藩士らは、自らの行動を日本男児の気概を示すものと考えたが、ヨーロッパ人は切腹を馬鹿げた風習としてしか理解しなかった。そのような見方に接した新渡戸稲造は、英文で書いた著書『武士道』のなかで切腹を擁護している。

シェークスピアは、『ジュリアス・シーザー』のなかで、ブルータスが腹に剣を突き刺す場面を書いているし、霊魂と愛情の宿る場所である腹を切ることは不合理なことではない。

さらにそれは単に自死の手段ではなく「法律上並《ならび》に礼法上の制度」でもあった。

すなわち切腹は、「武士が罪を償ひ、過《あやまち》を謝し、恥を免れ、友を贖《あがな》ひ、若《も》くは自己の誠実を証明する方法」で、「感情の極度の冷静と態度の沈着となくしては」実行できない武士にふさわしい「洗練せられたる自殺」だったとするのである。


ここに述べられているように、武士にとって切腹は名誉ある自死の手段だった。そして、それが名誉あるものであったがゆえに、武士に雇われる武家奉公人はもとより、百姓・町人も自死する時は切腹を選ぶものが多かった。

古代における切腹の様子（東京大学史料編纂所蔵『待賢門平治合戦』より）

日本における切腹は、平安時代の大盗《だいとう》として有名な袴垂《はかまだれ》の切腹（九八八年）が最初と言われている。これは密告者があって追い詰められたことが原因だった。以後、兄の源頼朝《みなもとのよりとも》に追われて奥州に逃げた源義経《よしつね》の切腹（一一八九）や、承久《じようきゆう》の乱（一二二一）の際に後鳥羽《ごとば》上皇配下の北面の武士に襲撃され、切腹した伊賀《いが》判官光季《みつすえ》父子など、次第に切腹する武士が現れてくる（大隅三好『切腹の歴史』）。

ただし、源平合戦で、平氏《へいし》方の武士は敗北が決定的になった後に入水《じゆすい》して自死しているし、義経も、自死の直前、「自害は如何《いか》ようにしたるを、よきと云ふやらん（自害はどのようにするのが良いと言われているのか）」と尋ねている（『義経記《ぎけいき》』）から、武士の自死が切腹と決まっていたわけでは必ずしもない。

切腹が武士の自死の方法として定着するのは、武士の時代となった鎌倉時代以降だと考えてよいだろう。鎌倉時代末期には、幕府滅亡に際し大量の切腹者が出現している。切腹の風習は、武士社会の成熟とともに確立したと言える。

なぜ〝腹〟なのか？

それでは、武士の自殺は、なぜ切腹でなければならなくなったのだろうか。

大隅三好氏は、次のように述べている（前掲書）。

武士道で一番に要求されるものはこの武勇で武勇に長ずることをもって武士の無上の誇

りとし栄誉とする。（中略）武勇を誇示することを信条とした武士が自ら自分の生命を絶たねばならぬとき、最も勇名と気力を要する切腹を好んでとったことはしごく当然のことであった。彼等にとって首縊《くびくく》りや投身自殺など女子供のすることで武士にとっては最も恥とすべき方法であった。

これは、切腹が「最も勇名と気力を要する」から武士の自死の手段として定着したというもので、常識的な考えであろう。戦いで死ぬことが名誉だった時代だから、戦死できないまでも、それに等しい華々しい死に方をし、後世に名を残したいと考えたことは理解できる。

これに対し千葉徳爾《とくじゅ》氏は、民俗学の立場から、より深く切腹の風習を分析している（『日本人はなぜ切腹するのか』）。

千葉氏は、新渡戸稲造の「特に身体のこの部分（腹部）を選んで切るは、これをもって霊魂と愛情との宿る処となす古き解剖学的信念に基づくのである」（『武士道』）という説を再評価し、もともと切腹は、「人がその本心あるいは真心を示す手段で、それも最後の確かな方式」であるとする。これは広くアジアに存在する観念であり、日本においては東北日本に発生したものだという。

そして、このような観念は時代が下るにつれて変化していくが、特に応仁《おうにん》の乱（一四六七年〜一四七七年）の影響が大きく、この動乱の時代に切腹の観念も変化し、古い意義は失われていったのだという。

在来の習慣・風俗のうちで大半のものが、その形式や意義を失って急速に変形してゆき、もしくは消滅していく中で、武士の心を示すための、腹を切るという自害の方式も、形の上では十文字に腹を切る形式は残るが、内臓を露呈するという古い意味は、発生した時代の意味を失って、単に衆人の目をひき、華々しい形をもって、勇者たることを示す、ということにとどまるようになったらしい。

この千葉氏の推論は、概ね正しいものと認められる。確かに切腹は、勇ましい自害の仕方に留まる場合も多かった。

真心は腹のなか

しかし、自らの真心を示すために腹を割《さ》く場合もなくなったわけではない。現在でも、死んで身の潔白を証明するという自死の在り方が残っているが、どこか心の隅にそのような意識が残っているようにも思える。

元文《げんぶん》四年（一七三九）に成立した岡山藩士湯浅常山《ゆあさじょうざん》の『常山紀談』には、徳川家康《いえやす》とその家臣成瀬正成《なるせまさなり》の興味深いやり取りが記されている。

豊臣秀吉《とよとみひでよし》が大坂で馬揃えをした時、紅の轡《くつわ》をつけた逞《たくま》しい黒馬に乗った者がいた。誰かと問うと、家康が「徳川家の士成瀬小吉なり」と答えたので、秀吉は重ねて尋ねた。

「禄《ろく》はいかに」

「二千石を与えております」

「ああ、私に奉公すれば、五万石を与えるのに」

その後、家康は成瀬を召して事情を話し、尋ねた。

「秀吉に仕えるか」

「これは情けなき事を仰せになります」

「いや、そうではない。秀吉に仕えれば、お前のためによいだろうと思って言うのだ」

すると、成瀬は涙を流して言った。

「不肖の身にして禄を貪《むさぼ》りながら、主君を捨てるような者と思し召されているのを知らなかったのは愚かでした。ただ、早く自害して心を明かしたい（「不肖の身、禄を貪りて、主君を捨て奉らん者と思召《おぼしめし》けるを知らざりけるも愚《おろか》に候。只疾《ただとく》自害して心をあかさん物を」）」

自害の方法が切腹であるとは書かれていないが、江戸時代において武士が自害するといえば切腹しかなかったであろう。このエピソードには、自分の真心を主君に示すためには腹を切って見せるしかないという観念が窺える。処罰として命じられる切腹ではなく、潔白の証明という意味の切腹が確かにあったのではないだろうか。

したがって、逆に、罪があることが明白な場合は、切腹などをさせる必要もない。主君が、罪を償わせるためにその者を斬ればよいのである。

武士の処罰は斬罪《ざんざい》、抵抗する者は謀殺

中世社会において、武士の処罰は斬罪（打首《うちくび》）であり、抵抗が予想される場合は謀殺であった。主従の関係とはいえ、謂れのない主君の賜死《しし》に簡単に従う者はいなかった。したがって、主君が家臣を除こうとすれば、謀殺する以外にはなかったのである。たとえば寿永《じゅえい》二年（一一八三）の冬、源頼朝は、家臣上総介広常《かずさのすけひろつね》を鎌倉営中で謀殺している。武家の棟梁ですら、家臣を殺すのに謀略を用いなければならなかったのである。

　室町時代になっても、将軍が家臣を謀殺するという手法はよく使われている。足利義教《あしかがよしのり》などは、意に反する守護を次々に謀殺した挙げ句に、播磨《はりま》等三国の守護赤松満祐《あかまつみつすけ》によって謀殺されている。

　また、秀吉の家臣でありながら、勘気を受けたのち後北条《ごほうじょう》氏に寄寓した尾藤知宣《びとうとものぶ》も、下《しも》野《つけ》那須において手討ち（秀吉自身による斬罪）に処せられている（『武辺咄聞書』）。知宣は、藤吉郎時代からの秀吉の家臣で、一時は讃岐《さぬき》半国の主であった武士である。そのような武士でさえ、切腹は許されなかったのである。

　切腹発祥の地とされる奥州でも、武士の処罰は斬罪であった。天正《てんしょう》十五年（一五八七）三月十五日、伊達政宗《だてまさむね》は、家臣古山新助を斬罪に処し、その妻子を串刺しにした。また、同年四月十日には、家臣斎藤弥左衛門を下人とともに斬罪に処している（『伊達政宗記録事蹟考記』）。いかに武士であっても、罪があれば切腹は許されなかったのであり、もし斬罪を避けようとするなら、自ら切腹して果てるしかなかった。

切腹はあくまで自主的なもの

一方で、室町時代の軍記には夥《おびただ》しい切腹の記事がある。大隅氏はその特徴として、「その方法が荒っぽくより凄惨になっている」ことを指摘している。腹を十文字に切るばかりではなく、腸をつかみ出して寺の天井に投げつけたり、櫓《やぐら》の下に叩きつけたりという武士の姿が描かれているのである。

そしてまた、本来自主的なものであった切腹が、「懲罰的あるいは刑罰的要素」を持つようになったことも指摘し、永享《えいきょう》十年（一四三八）に起こった永享の乱における鎌倉公方足利持氏らの切腹（一四三九年）がその初見であるとしている（前掲書）。

しかしそれは、室町将軍足利義教が、永安寺に置かれていた持氏を関東管領上杉憲実《のりざね》に攻撃させて自害させたもの（杉山博「永享の乱」）であるから、必ずしも刑罰とは言い難い。また、持氏の長子義久《よしひさ》も切腹したが、次男と三男の春王《はるおう》・安王《やすおう》は捕らえられて美濃国垂井《たるい》で斬られている。

室町時代では、このような身分の高い武士でさえ、江戸時代のように落ち着いた切腹は許されなかった。追い込まれ、やむを得ず腹を切ることになったのである。

やがて世の中が戦国時代になると、戦いに敗れた城主の切腹が目立つようになる。これは、松田修氏が多くの事例を挙げて考察を加えている（『刺青・性・死』）。城主は、敗北が明らかになった時は、自らが切腹することと引き替えに、家臣たちの命を救う義務があったのである。

家臣の命を救った最も有名な切腹は、羽柴秀吉に水攻めされた備中高松城主清水宗治《むねはる》のもの（一五八二年）であるが、これも当時の武将のあいだに相手の大将が切腹すれば家臣たちは許すという観念があったことを示している。

城主の切腹は、家臣たちの命を救うために自主的に行うものであって、「懲罰的あるいは刑罰的」なものとは言い難い。たとえ実際には切腹を強要されたものであったとしても、自主的な死という形式は守られたのである。

切腹は、刑罰として行われるにしても、あくまで自主的な死という形式が取られた。関白豊臣秀次《ひでつぐ》は、多くの無実の者を斬って殺生《せっしょう》関白と呼ばれていたが、文禄四年（一五九五）、伯父の豊臣秀吉によって切腹を命じられた。これは確かに刑罰であったが、秀吉の親族でもあり、関白という身分にもあったことから、自主的に死ぬ形が許されたのである。

敵ながらあっぱれな武士には切腹を

戦いに敗れて捕らえられた武士は、斬罪に処されるのが一般的であった。関ヶ原の戦いで敗れた石田三成《みつなり》や小西行長《ゆきなが》も斬罪となっている。しかし、武士として見るべきところがあるといった場合に、切腹が許されたケースもある。『浅井三代記』が伝える次の話は、その稀《け》有《う》な事例の一つである。

大永《だいえい》元年（一五二一）、北近江の戦国大名浅井亮政《すけまさ》は、江南の六角定頼と和睦した。ところが、家臣の今井頼弘ら三人が敵に内通していたことが露見し、小谷城に三人を召して吟味した。すると頼弘らは、憶することもなくありのままに白状した。

「さすがに名のあるものだけあって、自分の罪を少しも隠さずに白状したことは神妙である」

亮政はこう言い、三人が追い籠められていた神勝寺という寺で切腹をするよう命じた。

敵に内通するという罪に対しては斬罪が当然かと思われるが、名のある家臣で行動が神妙であったため、切腹という処罰がとられたのである。そうでなければ、斬罪相当の行動だったであろう。

似たような事例は、『総見記』に書かれた織田信長による処罰にも見られる。

姉川の戦いで信長勢は朝倉義景の軍勢を破り、多くの首を取ったほか、義景の奉行人印牧弥六左衛門を生け捕りにした。信長は、印牧を御前に召して尋ねた。

「汝は名の聞こえた勇士である。どうして生け捕りになったのか」

「自分は数回敵と戦い、息が切れ身体が疲れていたため、このように捕らえられました」

信長はこの正直な答えに感心し、投降した朝倉家臣前波九郎兵衛を通じて、「一命を助けるから味方となって越前の案内をせよ」と持ちかけた。

しかし、印牧は、「主君義景の眼前で忠義の討ち死にこそできなかったが、敵に捕らえられて一命を助かることは思いも寄りません。早く首を刎ねていただきたい」と答えた。

そこで前波が、印牧の首を刎ねようとすると、印牧は言った。

「およそ侍たる者、敵に生け捕られることは古今に珍しいことではないが、雑兵同然に首を切られることは思いも寄らない。ただ、切腹が自分の望むところである」

これを報告された信長は、「敵ながら志のある者である。縄を解いて腹を切らせよ」と検使を遣わし、印牧の切腹を許した。

印牧は、天正一年（一五七三）、割腹して果てた。

信長は、相手が敵ながらあっぱれな武士であるとして、特例として切腹を許したのだった。印牧の言葉からもわかるように、雑兵に対しては斬罪が当たり前で、彼も最初は「首を刎ねよ」と言っているから、生け捕りになった者の末路は本来斬罪だったのだろう。

このように、切腹は処罰の要素がある場合でも特別な計らいであったのである。

武士身分と切腹刑の確立

江戸時代になると、武士の死罪として切腹が一般的になる。これは、武士身分が確立し、武士たる者への処遇としては、切腹がふさわしいと考えられるようになったからである。次の事件における二人の武士の切腹は、武士の処罰が次第に切腹に定まってきていることを示している（「池田家履歴略記」「当代記」）。

慶長《けいちょう》十二年（一六〇七）、徳川家康の隠居所である駿府《すんぷ》城の修築が始まった。姫路藩主池田輝政《いけだてるまさ》は、家康の荷物を江戸から駿府に回漕することを命じられ、菅小左衛門という小姓組の家臣を船奉行に命じた。

たまたまその頃、使者として駿府に来ていた島津家（薩摩藩）の者が、清水港で船に遊女を召し連れて酒宴をしていた。池田家の加子《かこ》（非武士身分の船の乗組員）がそれを笑って囃し立てたところ、侮辱されたと感じた島津家の武士は、船に乗り移って加子四、五人に怪我を負わせた。

陸にいた小左衛門は、その事件を聞くや、島津家の武士を江尻まで追いかけ、島津家の船に乗り込み、奉行二人のうち一人と下々の者四、五人を斬り殺した。そして、もう一人の奉行を船の梁に縛りつけ、自分の姓名を名乗って帰った。

島津家では、縛りつけられた武士を切腹させ、池田家の者も成敗させるようにと幕府に要求した。

輝政は、「小左衛門から仕掛けた喧嘩ではなく、島津家から狼藉《ろうぜき》があったのだからやむを得ないこと」と助命を願ったが、幕府からの使者三浦志摩守は、「喧嘩両成敗は天下の御法なので、御助けはなされがたい」と主張した。仕方なく輝政は、小左衛門に腹を切らせることにした。

島津家が縛られた奉行を切腹させた理由は、「恥辱に及」んだというものである。武士が縄を掛けられたことは、戦闘者としてこの上のない恥である。このような恥をそそぐ方法は切腹しかない。

本来、こうした場合は、本人が自主的に切腹するのが筋だったのであろう。しかし本人が切腹しないので、切腹を命じて本来の形をとったことにしたのである。

この武士は、罪を犯したわけではない。ただ、辱めを受けたというだけである。したがって、これを刑罰と解釈すれば、著しく重い量刑ということになる。

しかし、失われた面子を回復するためのものだと解釈すれば、切腹は恩恵であるとも言える。切腹が刑罰になったのは、戦闘者としての武士という虚構を維持するためのものだったと言えよう。

さて、このような犠牲を出した島津家の要求によって、第二の切腹者が出ることになる。

小左衛門は、この時三十一歳。切腹に臨んで、年老いた父惣兵衛のことを友人の安宅次郎左衛門に託しているが、遺書とも言うべきその書状（「菅文書」）は感動的である。

一書申し置き候。我等事、不慮なる義出来候て、駿府にて腹を仕《つかまつ》り候。（中略）扨々《さてさて》日比《ひごろ》の念願計《ばかり》に御座候つるに、御馬先《おうまさき》の御用には罷《まか》り立たず、か様の仕合、一入《ひとしお》残り多く存じ候へども、計れざる義に候間、是非に及ばず候。惣兵衛事、年寄候て、其元へも御よび下し候て、一日送りに御なぐさめ候て下さるべく候。頼み存じ候。今一年二年の間に候間、頼み存じ奉り候。

――一書申し置きます。私は、不慮のことに遇い、駿府で切腹します。（中略）死ぬことは日頃の念願でしたが、主君の御馬先の御用には立たず、このような事で死ぬのは、ひとしお残念です。しかし人の生は予測できないものですから仕方がありません。父の惣兵衛の事、年寄っていますので、そちらへ呼んでいただき、日一日と慰めてください。頼みます。（惣兵衛の命も）あと一、二年のことですので、どうか頼みます。

戦国時代なら、このようなことがあったとしても、自家に匿《かくま》ってしまえばよい。しかし豊臣政権成立以降、諸大名家の付き合いが始まったため、家同士の紛争を解決しなければならない時、このような不幸なケースが出てくる。

この切腹は、喧嘩両成敗法による処罰としての切腹である。しかし客観的に見ると、島津家で一人腹を切っている以上、池田家でも相応の犠牲を払うべきだという観念によるものであった。

なお、三歳だった小左衛門の嫡子九郎太郎には、遺跡四百石が相違なく与えられた。輝政は、五歳の時に登城した九郎太郎を膝に乗せ、懇《ねんご》ろに言葉をかけたという。

徳川幕府による切腹刑の始まり

徳川家でも、早い時期から、旗本に対し切腹を命じている事例がある。慶長九年（一六〇四）七月十五日、駿府城で口論をし、大手門で待ちかまえて喧嘩相手の花井小源太らを斬り殺した小姓柘植正勝に切腹を命じているのが、その最初である（『大日本史料』第十二編之二）。

このように切腹は、まず喧嘩両成敗の措置として採用されていた。喧嘩は武士としての存在そのものに関わるもので、必要な時に喧嘩ができないようでは武士としての存在が問われる。そのため喧嘩はしばしば起こったが、紛争を後に引かせないため、生き残ったほうには切腹を命じる必要があったのである。

家康の時代、喧嘩以外では、まだ切腹ではなく成敗が命じられた。幕府代官大久保《おおくぼ》長安《ながやす》は、その死後、生前の不正が露見し、残された金銀などの財産はすべて没収され、藤十郎ら七人の子供はいずれも預け先で「御成敗」となったと伝えられている（『大日本史料』第十二編之十一）。

いまだ荒々しい気風の残る慶長期においては、処罪としての切腹はあくまで例外的な恩典であった。ところが家康の死後、二代将軍秀忠《ひでただ》は、成敗よりも切腹を命じるようになる。

元和《げんな》七年（一六二一）九月七日、秀忠は美濃国代官栗原盛清に切腹を命じ、その子盛澄を陸奥盛岡藩主南部利直《なんぶとしなお》に、盛次を上総代官高室昌成に預けている（『大日本史料』第十二編之三十八）。

盛次は後に、陸奥弘前藩主津軽信牧《つがるのぶひら》に預けられた。

「津軽旧記」に拠れば、切腹の理由は、美濃国代官を務めていた盛清の下代（部下）杢之助という者が出奔《しゅっぽん》し、勘定が立たず、不調法ということであった。盛清は川越藩主の酒井忠利《さかいただとし》に預けられ、この日、切腹を命じられた。

勘定が立たないというのは、年貢などの横領を疑われたということである。こういう経済的犯罪は、それまでは成敗となっていた。それが切腹で済むというのは、社会の変化を伝えている。

武士社会の秩序化

元和九年（一六二三）五月十二日、西丸小十人組《こじゅうにんぐみ》の松平甚三郎が、組頭西山八兵衛（昌勝）に悪口を言い、西山がそのことを目付へ訴えたところ、甚三郎に切腹の命令が下った（「元和年録」）。悪口を言われた者が私的に復讐するのではなく、目付に訴えるという方法も、武士の意識の変化を示している。

もちろん、城門の外で待ち伏せ相手を斬ったりすれば、本人も切腹は免れない。目付に訴えたのはそれを回避する手段だったのだが、その姑息《こそく》な手段を咎《とが》めもせず、悪口を言った者だけを切腹に処すというのは、為政者の意識の変化をも示している。いわば、社会が秩序化の方向に向かっていたのである。

同年七月には、家光の弟徳川忠長《ただなが》の家臣依田十左衛門が、江戸城西丸の下馬《げば》（馬を下りて通行する場所）を馬に乗りながら通り過ぎたことで、切腹を命じられた。依田は江戸に不案内で、知らずに行なったことだった。通常なら許される範囲であったが、将軍の居所である江戸城のことであるため、将軍宣下《せんげ》を受けるために江戸を留守にしていた家光の還御《かんぎょ》の後、厳罰を命じられたのである（「元和年録」）。

また、寛永《かんえい》二年（一六二五）五月二十七日には、大番士小幡藤五郎が、公家衆登城の日に不作法の行いがあったということで、切腹を命じられた（「江城年録」）。

この事件も気の毒な話である。この年の四月、勅使が江戸に来て西の丸に拝謁に出たのだが、その警備にあたったのが小幡の属する阿部摂津守組だった。折悪しく、膝頭の下の三里《さんり》に据えた灸の「ふた」をしようと袴をまくり上げた小幡の所作を、通りかかった目付石川八左衛門が見てしまったのである。

小幡は、組頭の斎藤久右衛門に許可を得たと弁解したが、石川は聞き入れず、過料として銀子《ぎんす》一枚を科した。

ところがこれが家光の耳に達するや、家光は次のように断じたのである。

御本丸ニ而《て》の儀に候《そうらは》ば、さほどの儀、御免許もこれ有るべく候得《え》ども、西之丸ニ而慮《りよ》外《がい》之儀、御用捨成り難し。

――本丸でのことであれば、その程度の事は許すこともあるだろうが、（大御所秀忠様のおられる）西の丸でそのような慮外を働くことは、容赦することはできない。

こうして小幡は、最初は過銭で済むはずだったものが切腹となり、組頭の斎藤久右衛門も改易に処せられることになった。武士社会は、これほどまでに儀礼を重視するようになったのである。

それにしても、袴をまくり上げただけで切腹というのは、あまりにも常軌を逸した処罰である。家光のヒステリックな性癖をよく伝えていると言えよう。

第二節 殉死と切腹

殉死の始まり

江戸時代に入り、切腹が自死の手段としてだけではなく、刑罰として採用されるようになったことを述べてきた。しかし、刑罰としての切腹は多くなったとはいえ、まだ稀なことであった。切腹の歴史を考えるうえで重要な位置を占めるのは、〝殉死〟である。刑罰にせよ、責任を取るためにせよ、武士に切腹が定着したのは、江戸時代初期に流行した殉死の影響が大きいように思われる。

殉死は、死んだ主君の後を追って自主的に自死することで、その方法が切腹であることから史料上では「追腹《おいばら》」と表現される。

平時における追腹は、明徳《めいとく》三年（一三九二）、管領細川頼之《ほそかわよりゆき》に殉死した三島外記入道の事例が初見で、戦国時代には、落城に際して腹を切る城主に小姓が従う事例も散見される（松田修、前掲書）。豊臣政権下においては、秀吉に死を賜った関白秀次の切腹にあたり、その小姓不破万作と山田三十郎が追腹を切っている（一五九五年）。

江戸時代に入り、徳川家康の四男松平忠吉《まつだいらただよし》が慶長十二年（一六〇七）三月五日に没した時、その家臣、稲垣将監と石川主馬が追腹を切った。前年に忠吉から勘当され、奥州松島に居住していた小笠原監物も、訃報を聞き、奥州から江戸に馳せ、増上寺《ぞうじょうじ》で追腹を切った。さらに、その監物の「美童」佐々喜内も、主人監物に殉じて腹を切った（「治国寿夜話」）。なお、殉死者に殉死することを「又殉死《またじゅんし》」と言う。

同年閏《うるう》四月八日、今度は家康の次男結城秀康《ゆうきひでやす》が没した。松平忠吉の死の約一カ月後のことである。この時には、土屋左馬助と永見右衛門尉の二人が追腹を切った。また、永見右衛門尉を介錯した田村金兵衛も、主君永見のために追腹を切った（「慶長見聞録案紙」）。

『男色大鑑』に見える切腹。階段をかけ上がったのは、切腹者の念者（男色関係の兄貴分）。

あの世の主君と一緒になりたい

これらの殉死者は、みな死んだ主君と男色関係にあったと推測される寵愛《ちょうあい》の者たちだった。松田修氏は、「近世初頭の殉死においては、性愛が、男色が、殉死をからめとっている」（前掲書）と述べている。

この見解は、殉死を封建制度の不条理なり残酷なりとしか見ないそれまでの見方を、根本から覆すものであった。

男女が愛情を誓い合うことを「心中立て」というが、その方法は、放爪《ほうそう》（爪を剥がす）、誓詞《せいし》（誓いの文書を取り交わす）、断髪（髪を切る）、黥《げい》（入れ墨を入れる）、切指《せつし》（小指を切る）、貫肉《かんにく》（肘《ひじ》や股《また》などを刃で突く）などであった（『色道大鑑』）。松田修氏に拠れば、これらの「心中立て」は、男女間よりも男色のほうが先行していたという。

あふれる愛情を表現しようとすれば、我が身を傷つけるしか方法がない。死んだ主君の後を追う場合、腹を突き通して死ぬしか愛情の表現はなかったのではないだろうか。そしてそうであれば、腹を傷つけることへの恐怖などは感じなかったのであろう。こう考えてくると、殉死が切腹という手段をとったことも理解できる。殉死は単に死ぬことが目的ではない。自らを寵愛してくれた主君への一体化が目的だったのである。

殉死ブームの到来

これらの殉死者の高い評判は武士たちを奮い立たせ、これ以後、殉死は流行していくことになる。注目すべきことは、殉死が美しいもの、賞賛されるものになってからは、男色の関係にない者までも追腹を切るようになることである。

この傾向は、九州の外様《とざま》大藩に特徴的である。薩摩藩で見ると、島津義久《よしひさ》に十五名、島津義弘《よしひろ》に十三名、島津家久《いえひさ》に九名の殉死者がある。佐賀藩では、鍋島直茂《なべしまなおしげ》に十二名、鍋島勝茂《かつしげ》に二十六名が殉死し、熊本藩では、細川忠利《ただとし》に十九名が殉死している。

他の地域でも仙台藩の伊達政宗に十五名、福井藩の松平忠昌《ただまさ》には七名の殉死者があった（42ページ・表参照）。

江戸の殉死者

藩主(生没年)	藩名	殉死者(名)	又殉死者(名)
松平忠吉　(1580～1607)	清　洲	3	1
結城秀康　(1574～1607)	福　井	2	1
島津義久　(1533～1611)	薩　摩	15	0
加藤清正　(1562～1611)	熊　本	1	0
最上義光　(1546～1614)	山　形	4	0
松浦鎮信　(1549～1614)	平　戸	3	0
金森可重　(1558～1615)	高　山	2	0
鍋島直茂　(1538～1618)	佐　賀	12	0
島津義弘　(1535～1619)	薩　摩	13	0
蜂須賀至鎮(1586～1620)	徳　島	1	0
黒田長政　(1568～1623)	福　岡	1	0
毛利輝元　(1553～1625)	長　州	1	0
徳川秀忠　(1579～1632)	(将軍)	1	0
鍋島忠直　(1613～1635)	佐　賀	5	0
伊達政宗　(1567～1636)	仙　台	15	5
松浦隆信　(1602～1637)	平　戸	6	0
島津家久　(1576～1638)	薩　摩	9	0
細川忠利　(1586～1641)	熊　本	19	0
木下延俊　(1577～1642)	日　出	4	0
松平忠昌　(1597～1645)	福　井	7	0
鍋島茂賢※(　?　～1645)	佐　賀	18	4
細川忠興　(1563～1645)	熊　本	5	0
金森重頼　(1594～1650)	高　山	4	0
毛利秀就　(1595～1651)	長　州	7	0
徳川家光　(1604～1651)	(将軍)	5	1
鍋島勝茂　(1580～1657)	佐　賀	26	0
宗　義成　(1604～1657)	対　馬	12	1
前田利常　(1593～1658)	加　賀	3	0
奥平忠昌　(1608～1668)	宇都宮	1	0
合　計		205	13

※鍋島茂賢は佐賀藩家臣で深堀領主

これらの殉死者のなかには、本来殉死するほどの関係もないのに、ことさらに主君の恩を受けたと言い張って切腹する者がいた（拙著『殉死の構造』）。こうなってくると、殉死は愛情によるものとばかりは言えない。しかし、己の真心を示すという意味では同じことである。

それまで武士たちは、戦いに敗れ絶望的な状況に陥った場合は別として、むやみに切腹することはなかった。しかし、江戸時代初期に殉死が流行したことによって、平時の武士の自死の手段として、切腹が一般化することになる。

こういうなかで、本来なら斬罪となるべき武士の処罰にも、切腹を命ずるという形式が完全に定着するようになる。このような切腹のあり方は源平の昔からあったものではなく、江戸時代に固有のものだったのである。

第三節　殿中刃傷《にんじょう》事件

江戸城の流血沙汰

江戸城での刃傷事件は、刃傷した者の切腹で一件落着する。最も有名な刃傷事件は、浅野《あさの》内匠頭《たくみのかみ》（長矩《ながのり》）が高家《こうけ》筆頭吉良《きら》上野介《こうずけのすけ》（義央《よしなか》）に斬りつけたものであるが、それ以前にも二件の刃傷事件が起きている。

最初は、寛永五年（一六二八）八月十日、旗本豊島《としま》刑部《ぎょうぶ》が、年寄井上正就《いのうえまさなり》を殺害した事件である。当番の青木小左衛門が刑部に組みついて止めようとしたが、刑部は自分の腹に刀を突き刺し、青木もろとも即死した（拙著『寛永時代』）。

当事者がともに死亡しているので事件はこれで終わったが、後に残された刑部の嫡子豊島継重《つぐしげ》に切腹が命じられている。

正就は大御所秀忠の側近だったため、豊島の一族も処罰すべきとの議論もあったが、「武士が仇を報ずるのは殿中がよい勝負所で、これを処罰すれば武士の意地が絶たれることになる」との幕府年寄酒井忠勝《さかいただかつ》の意見によって豊島家のみの処分になったという（「台徳院殿御実紀」）。

次は、貞享《じようきよう》元年（一六八四）八月二十六日、若年寄稲葉正休《いなばまさやす》（一万二千石）が、大老堀《ほっ》田正俊《たまさとし》を殺害した事件である。この時は、周囲にいた者が正休を斬殺し、また、子が早世していたため家は断絶した。

そして三番目の刃傷事件が、元禄《げんろく》十四年（一七〇一）三月十四日に起こった、浅野内匠頭による「松の廊下事件」である。

殿中で吉良上野介に斬りつけた内匠頭の行為は、確かに切腹相当の罪だったかもしれない。しかし、相手が存命であるのに、その行為に至った事情は捜査されず、即日切腹が命じられたのは異例であった。

また、斬りつけられた上野介がお構いなしというのも、これを喧嘩と解釈すれば異論の出るところであった。喧嘩両成敗が「天下の御法」ならば、上野介にも切腹を命じなくてはならないし、たとえ喧嘩でないにしても、抵抗もせず逃げ出した上野介の振る舞いは、喧嘩両成敗以前に、武士として非常に不適切な行動だった。

四十六士の切腹とさらなるハラキリの美化

さて、松の廊下事件は、斬りつけられた吉良上野介が存命であるという重大な問題があった。このため、内匠頭の遺臣四十七名は、その一年九カ月後、本所松坂町《ほんじよまつざかちよう》の吉良邸に討ち入って上野介の首を取った。そして、泉岳寺《せんがくじ》に退き、幕府の沙汰を待った大石内蔵助《おおいしくらのすけ》ら四十六名（討ち入り後、寺坂吉右衛門《てらさかきちえもん》は姿を消した）には切腹が命じられた。

彼らの切腹が、将軍綱吉《つなよし》を始めとする幕閣の悩んだ末の結論であったことは、すでに議論が尽くされている。ただ、幕府の裁定を実力で覆した四十六士にとって、切腹は破格の処置だったことは留意しておいてよい。

大名四家に預けられた四十六士自身は、当初、自分たちが切腹のような寛大な処罰で済むとは思っていなかった。熊本藩主細川綱利《ほそかわつなとし》に預けられた富森助右衛門《とみもりすけえもん》は、世話役の堀内傳《ほりうちでん》右衛門《えもん》に次のように語っている（「堀内傳右衛門覚書」）。

> 拙者儀、今度の仕合《しあわせ》に付き、斬罪に仰せ付けらるべく候。あはれ所柄《ところがら》なりとも能《よ》く候へかしと頼み居り候処、然るに各様《おのおのさま》御咄《おはなし》、又は世上の批判も承り及び、はやおごり付

き、万一切腹などと結構に仰せ付けらるべく候哉、左様《さよう》の節は御屋敷にて仰せ付けらるべき哉などとおごり付き申し候。

——拙者は、今度のことで斬罪を命じられるでしょう。どうか場所柄（斬罪に処せられる場所）はよいところでと願っておりましたが、皆様のお話や世上の評判を聞き、もしや切腹などというような結構な御沙汰が下るのではないか、その時は（細川家の）御屋敷で腹を切るように命じられるのではないかと期待するようになりました。

主君の仇討ちとはいえ、徒党を組んで将軍のお膝元である江戸城下を騒がせた罪であり、しかもそれは、幕府の裁定を自力で覆すものであったのだから、本来は斬罪が当然だったのである。

助右衛門はこのように述懐しながら、傳右衛門に、「もし細川家で切腹が命じられれば、泉岳寺の空き地がある場所に細川家に預けられた十七名の者を一緒に埋めてほしい」というささやかな願いを述べている。

さて、泉岳寺近辺に藩邸のあった細川（熊本藩）、松平（伊予松山《いよまつやま》藩）、毛利《もうり》（長府《ちょうふ》藩）、水野《みずの》（岡崎藩）の四家に預けられた四十六士は、元禄十六年二月四日、それぞれの屋敷で切

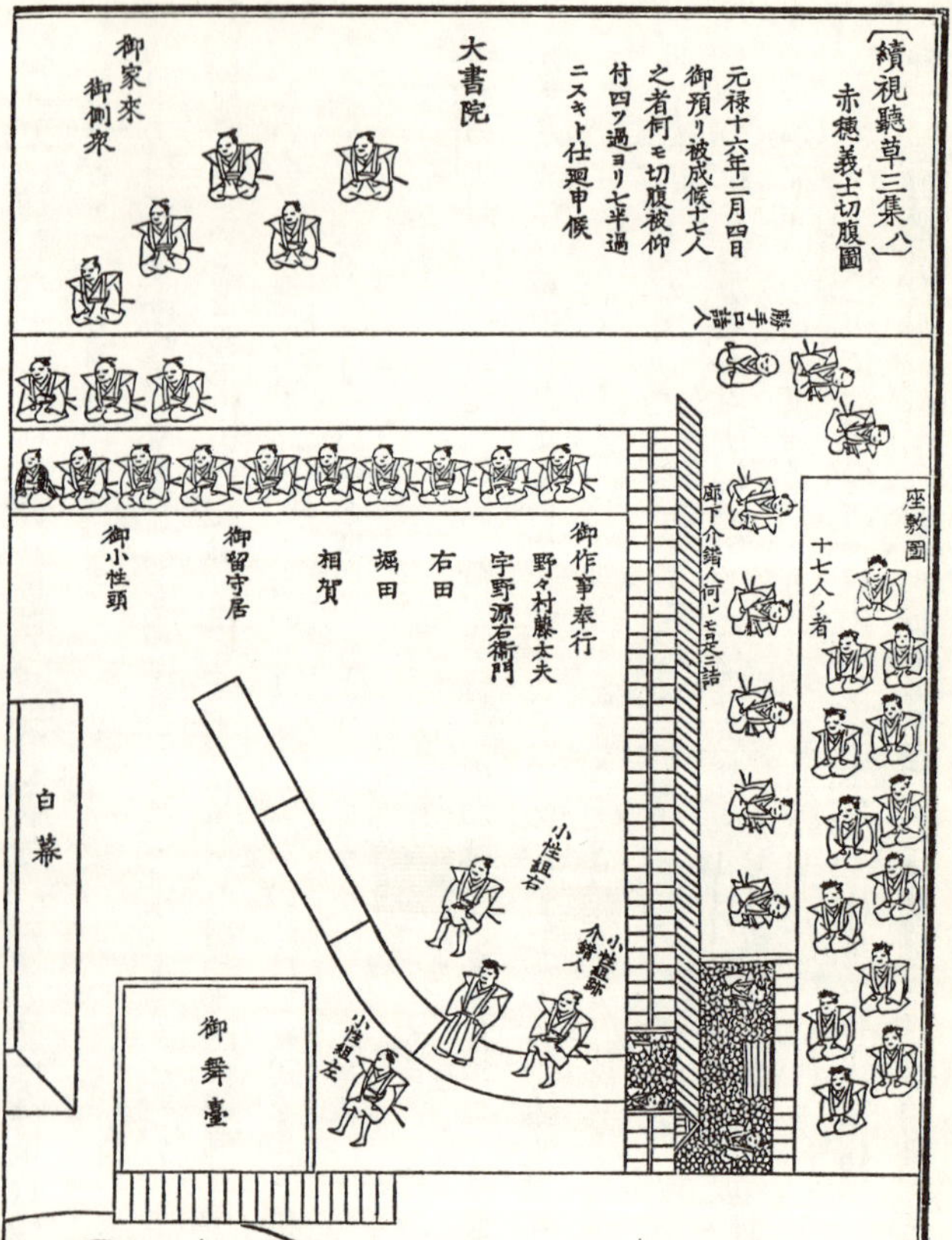
〔續視聽草三集八〕
赤穂義士切腹圖
元禄十六年二月四日
御預リ被成候十七人
之者何モ切腹被仰
付四ツ過ヨリ七半過
ニスキト仕廻申候
大書院
御家來
御側衆
勝手口詰人
座敷圖
十七人ノ者
廊下介錯人何レモ足ニ詰
御作事奉行
野々村藤太夫
宇野源右衛門
右田
堀田
相賀
御留守居
御小性頭
白幕
小性組右
小性組跡介錯人
小性組左
御舞臺

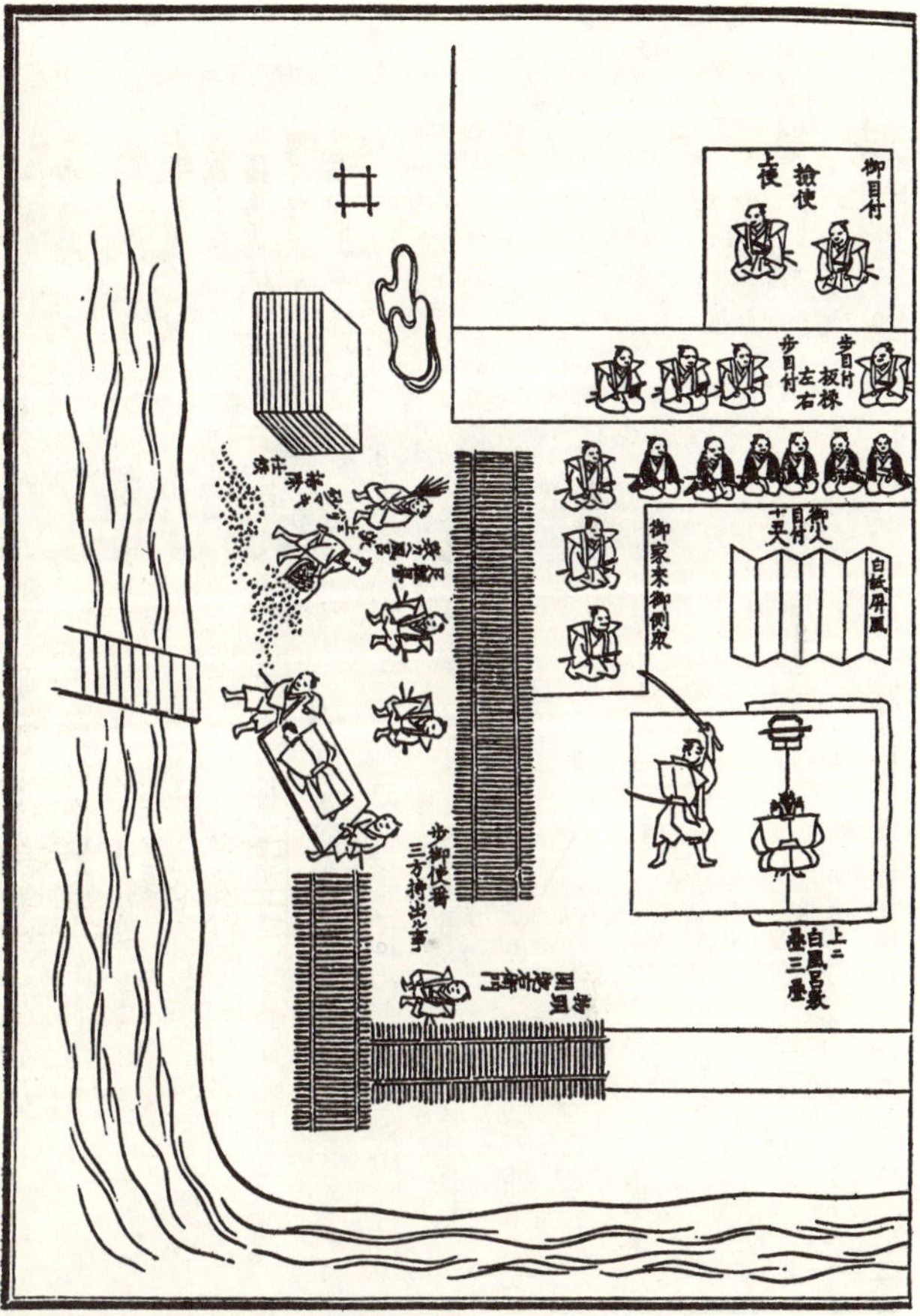

細川家に預けられた赤穂浪士17名の切腹

大石内蔵助の切腹（『細川邸義士切腹図』島田美術館蔵）

腹を申し渡された。罪状は、以下のようなものである（「細川家御領始末記」）。

主人のあだを報じ候と申し立て、内匠《たくみ》家来四十六人徒党致し、上野《こうずけ》宅江《へ》押し込み、飛《とび》道具杯《など》持参、上野を討ち候儀、始末公儀を恐れず候段、重々不届きに候。これにより切腹申し付く者也。

——主人の仇を報じると主張し、内匠の家来四十六人が徒党して、上野宅へ押し込み、飛道具などまで持参し、上野を討ったことは、公儀（幕府）を恐れないことであって、重々不届きである。これによって切腹を命じる。

幕府は、討ち入りを主君の仇討ちとは認定せず、徒党して上野介を討ったことを「公儀を恐れ」ない所行だとしたのである。

大石内蔵助は、切腹に処せられることについて、「有り難き仕合《しあわせ》に存じ奉り候」と御礼の言葉で御請け（返答）している。切腹を命じられることは、確かにありがたい措置だったのである。

内蔵助ら四十六人の切腹は、脇差《わきざし》を載せた三宝《さんぽう》を引き寄せ、脇差を取って腹に当てようとするのを合図に首を落とすというものだったという（渡辺世祐『正史赤穂義士』）。

なぜ、実際に腹を切らせなかったかと言えば、四家とも助命のあることを期待して切腹の時間を遅らせたため、十数人もの者にじっくりと切腹させる時間がなかったこと、また、死に臨んで見苦しい振る舞いがあったとしたら義士たちの名折れになることに配慮した、などの理由によると思われる。

すでに裁定を下した幕府の措置を、赤穂《あこう》藩の旧臣たちが実力で覆したというのは、幕府に対する反抗と同じである。しかし、「徒党」と認定した四十六人の武士を、名誉の死である切腹で遇し、一方で、討たれた上野介の嫡子左兵衛を諏訪《すわ》家に預け、吉良家を断絶させたことは、幕府が自らの誤りを認めたことに等しい。

当然のことながら世論は、本懐を遂げて従容《しょうよう》と死につく彼らを惜しんだ。こうして四十六士は、ある時期まで日本人の理想となり、彼らが死に赴いた手段である切腹も、優れた武士のあるべき死に方として美化されたと思われる。

しきたりとなった「乱心」

宝永《ほうえい》六年（一七〇九）二月十六日、朝廷の中宮使饗応の役を命じられていた前田采女《うねめ》（利《とし》昌《まさ》）が、東叡山寛永寺《とうえいざんかんえいじ》における綱吉の法事の控所《ひかえじょ》となっていた宿坊で、同役の大和国柳本《やなぎもと》藩主織田監物《おだけんもつ》（秀親《ひでちか》）を突き殺した（「政隣記」）。殿中ではないが、松の廊下事件と似たような事件である。

采女は、大聖寺《だいしょうじ》藩主前田利直《としなお》の弟で、新墾田一万石を分与された支藩大名である。泉岳寺に赴いて赤穂四十六士の墓所を見物した時、「内匠殿は、いらざる切りだてをなさって、大勢の家臣を死なせてしまった。やむを得ない場合は、相手のほて腹（どてっ腹）を五寸ほど突くとよいのに」と言ったことがあるという。

言葉に違わず、采女は監物の腹を脇差でえぐり、そのまま相手に倒れ込んでいった。突き口からはあまり血が出ず、口から夥《おびただ》しい吐血があったという。

この時の判決は、次のようなものであった。

前田采女儀、去る十六日、東叡山において織田監物を殺害せしめ候。乱心と雖《いえど》も、監物相果て候故、切腹せしむ者也。

――前田采女は、去る十六日、東叡山において織田監物を殺害した。乱心ではあるが、監物が死去したので、切腹を命ずる。

この事件は、浅野内匠頭同様、遺恨によるものだったが、事を荒立てないため「乱心」とされ、監物が死去したため采女に切腹を命じる、という論理になっている。

織田監物の遺領一万石は、息子の成純《なりとし》（左京）に渡された。一方、采女の遺領一万石は跡継ぎがなかったため兄の前田利直に返却された。

乱心によるものとされたため双方とも関係者に処罰はなかったが、このような幕府の措置は松の廊下事件に学んだものと思われ、後の慣例となっていった。

たとえば、延享《えんきょう》四年（一七四七）八月十五日、寄合（上級の旗本）板倉勝該《いたくらかつかね》が熊本藩主細川宗孝《むねたか》を殺害する殿中刃傷事件が起こった。これは勝該の人違いだったが、幕府は乱心とし、宗孝が死んだことをもって勝該に切腹を命じている。幕府の申し渡しは、次のような文面である（『延享録』）。

寄合
板倉修理

右修理（板倉勝該）儀、去る十五日、殿中において乱心仕り、細川越中守江手疵《てきず》負わせ候に付き、暮時、水野監物江御預け仰せ付けられ候。乱心とは申しながら、越中守手疵養《よう》生《じょう》叶《かな》わず相果て候に付き、監物宅において切腹仰せ付けられ候。

——右に記した板倉勝該は、去る十五日、殿中において乱心し、細川越中守へ手疵を負わせたので、暮時、水野監物へ御預けを命じられた。乱心ではあるが、越中守は手疵の養生が叶わず死去したので、監物宅において切腹を命じられた。

乱心ならば、相手が死去したので切腹を命じるという形をとることができ、殺害されたほうも面子が立つ。このような理由で、殿中刃傷事件は乱心とされ、相手が死んでいる場合は善悪を判断せず切腹という慣行ができたのだと考えられる。

最後の殿中刃傷事件は、天明《てんめい》四年（一七八四）三月二十四日、新番士佐野政言《さのまさこと》が、若年寄

田沼意知《たぬまおきとも》を江戸城桔梗《ききょう》の間で斬りつけた事件である。二日後、意知は死去し、政言は乱心とされ、意知が死去したことをもって切腹を命じられた（大隅三好、前掲書）。これも、前田采女以来、慣行化された刃傷事件の処理に則っている。

第四節 絶望から逃れる切腹、矜持《きょうじ》をかけた切腹

切腹者五十二名！語り継がれる薩摩義士伝

薩摩藩が幕府から命じられた宝暦木曾《ほうれききそ》川治水工事の際、多くの犠牲者が出たため、工事が完成した後、工事の総責任者であった平田靭負《ひらたゆきえ》が切腹したことはよく知られている。

この事件は、罪がないにもかかわらず、自らの職務上の責任を切腹することによって償おうとした特異なものである。有名な事件ではあるが、大筋を説明しておこう。

宝暦三年（一七五三）十二月、幕府は、薩摩藩に木曾・長良《ながら》・揖斐《いび》の三川分流工事のお手伝い普請を命じた。それは、それまで洪水をくり返した木曾川水系の治水問題を抜本的に解

決するためのものであった。

総工費九万三千三百両のうち、幕府が負担するのは一万六千三百四十両で、残りの七万六千九百六十両は薩摩藩の負担となった。これだけでも相当な負担であるが、なかなか進展しない工事と期間中二度に及ぶ洪水のため、薩摩藩は結局、四十万両近い経費をかけたという。

この普請工事中、監督にあたる薩摩藩士に、切腹する者が続出した。

たとえば、宝暦四年四月十四日、永吉惣兵衛と音方貞淵の両名が切腹している。切腹の理由は、横柄な幕府役人の態度に耐えかねたためだという（伊藤信『宝暦治水と薩摩藩士』）。

薩摩藩士の切腹は、五月下旬までの第一期工事では、この二人だけだったが、六月から九月二十一日までの第二期工事の準備期間に江夏次左衛門ら三十五名、第二期工事中には、九月二十三日の藤井彦八・浜島紋右衛門の両名を皮切りに十四名が切腹している。

結局、薩摩藩では工事終了までに五十一名もの切腹者を出し、さらに病死者も三十三名に上った。薩摩藩士大野鉄兵衛が、家老伊勢兵部に「御普請役の衆等権柄《けんぺい》にて」と語った（七月十七日付け伊勢兵部・新納内蔵連署状）ように、幕府の普請役は尊大な態度をとる事が多かった。これらの切腹は、幕府役人との軋轢《あつれき》が原因であったと推測されている。

薩摩藩士の死因は、「腰物にて怪我致し相果て候」（「海蔵寺文書」）と取り繕われているが、工事の不備を指摘され責任を取って切腹した者もいただろうし、幕府役人の横柄な態度に悲憤慷慨《こうがい》して腹を切った者もいたであろう。

切腹は、一人が腹を切ると、連鎖反応のように起きるようである。

真のサムライ、平田靱負の犠牲

工事は、宝暦五年三月末に完了した。検分に派遣された幕府目付牧野伊織、勘定吟味役細井九助らは、五月二十二日に検分を完了し、

「いづれも出精故、御普請丈夫に出来《しゅったい》致し、御見分も御滞りなく相済み、一段之儀」

と平田をねぎらった（五月二十四日付け「平田靱負書状」）。

平田は、幕府役人の検分の首尾を報告し、

「先ず以て頂上《ちょうじょう》（重畳）の儀に存じ候」

と感慨を述べた。そして翌二十五日朝、大牧《おおまき》村の宿舎で腹を切った。享年五十二であった。

当然、五月二十四日に書状を認《したた》めている時には、平田の胸に期するところがあったであろう。自らの功を誇ることなく淡々と書かれた書状を読むと、感動を禁じ得ない。真に武士らしい武士とは、彼のような存在を言うのであろう。

平田靱負ら薩摩義士を祀った碑（鹿児島県城山町・著者撮影）

平田の切腹は、工費の大幅な超過や、工事中多くの藩士が犠牲になったことへの責任を取ったものだった（伊藤信、前掲書）。残念なことをしたと思うが、この時、平田に別の選択肢があっただろうか。

もし彼が無事に薩摩へ帰ったらどうなっただろうか。最初は工事を完遂した英雄となるかもしれない。しかし、普請を成就させた成功者への妬《ねた》みなどから、逆に、当初予算の五倍以上もの工費を使い、多数の犠牲者を出した責任を問われることになる可能性もあったように思う。犠牲になった部下たちや国元に残されたその家族への道義的責任、あるいは自分の前途に思いを巡らせた時、自分のなすべき行動は切腹以外にないと思ったのではないだろうか。

切腹は、そのようなどうしようもない絶望的な思いを解決してくれる唯一の手段だったのである。

病床にあった藩主島津重年《しげとし》は、平田の菩提《ぼだい》を弔うため、位牌などの品々を埋葬地である伏《ふし》見《み》の大黒寺《だいこくじ》に送っている。いかに家老とはいえ、これは異例の措置であった。

九月四日、幕府は工事にあたった副奉行伊集院十蔵《いじゅういんじゅうぞう》以下十三名に登城を命じ、老中が時《じ》服《ふく》・銀子などを下賜《かし》した。彼らが無事このような栄誉に与《あずか》ることができたのも、平田の犠牲ゆえだったのかもしれない。

命より大事な武士の面子

ところで、第一期工事の最中、美濃に領地を持ち、木曾川の川筋御用を務める旗本高木新《たかぎしん》兵衛《べえ》の家臣である内藤十左衛門《ないとうじゅうざえもん》が切腹し、第二期工事の時には、幕府小人目付竹中伝六が切腹している（伊藤信、前掲書）。

このうち、内藤十左衛門は、切腹した本人がその理由を言い残すという珍しいケースであるので、大嶽善右衛門の供述書をもとに紹介しておきたい。

十左衛門が切腹したのは、宝暦四年四月二十一日夜七つ時（二十二日午前四時頃）で、場所は宿所にしていた五明村の彦八という百姓の家だった。十左衛門が切腹したのを発見した小者兵五郎が、同宿していた十左衛門付きの足軽大嶽善右衛門に、

「旦那が切腹致されました！」

と知らせた。

善右衛門が十左衛門の寝間に入ったところ、彼はまだ息があり、意識もしっかりしていた。

「死ねないので、殺してくれ」

と十左衛門が善右衛門に頼んだところ、近くにいた兵五郎は尋ねた。

「なぜ切腹なさったのですか」

「考えるところがあって、切腹した（「存寄《ぞんじより》これ有り、切腹致し候」）」

善左衛門の切腹は発作的なものではなく、なにか思うところがあって切腹したというのである。宿所の彦八が十左衛門の切腹を庄屋に知らせたので、やがて庄屋の彦三郎や医者などが集まってきた。

最初の医者は、「もはや手遅れなので、療治はできない」と帰り、次に来た医者は、「命は受け合えないが、療治はしてみよう」と切り口を縫い、膏薬《こうやく》などを貼った。しかし二十二日夜五つ時（午後八時頃）、十左衛門は事切れた。

さて、この十左衛門の「存寄」が何だったかというのが問題である。

十左衛門の息がまだあった時、幕府の役人青木次郎九郎が宿所に来て、彼の言葉を聞き取っている。この時、善右衛門は隣の間の入り口にいて話は聞こえず、兵五郎は武士身分でないためか狼狽しており、そばに付いていながら話は覚えていない。結局、残されたものは青木次郎九郎の「聞取書」だけである。現代語訳して掲げよう。

私は、中和泉新田御普請場所を担当し、堤の上置や腹付の土の薄い場所は、中和泉新田村の庄屋与次兵衛へ吟味を命じ、直すよう指示しましたが、与次兵衛は横着者で、私の指図にてきぱきとは従わず、埒《らち》があきません。青木次郎九郎様へ御届け申し上げようかと考えているうちに、御普請も完了しましたので、与次兵衛の事は次郎九郎様へも申し上げず、そのままにしていました。しかし、御徒目付《おかちめつけ》衆が、「堤の上置・腹付は、土が薄いように見える。念を入れるように」と仰せられました。ごもっともだと存じました。もしや御徒目付衆が、これは私の手抜かりで不埒《ふらち》のように主人新兵衛方へ報告されるかもしれない。そうなっては相立《あい》ち難く存じ、切腹しました。

つまり十左衛門は、普請の不出来を指摘され、それが主人に伝わることに悩み、切腹したと述べたのである。与次兵衛が「横着者」だという前半の言葉は、十佐衛門が切腹するより前にたびたび漏らしていたことなので複数の者が聞いているが、後半の部分はこの「聞取書」でしか知り得ないため疑問を呈する説もある（伊藤孝幸「内藤十左衛門切腹一件の処理における公的文書の性格」）。

しかし武士の発想としてはあり得る話であり、なにより実際に聞いた者が書いたものであるのに、他の者に聞こえなかったからといって否定すべきではない。

伊藤孝幸氏は、十左衛門の新兵衛に対する謝罪意識は疑問であると述べているが、「相立ち難く」というのは、主人への謝罪意識というよりも、信頼して任せた主人の期待を裏切ったことから来る責任意識である。そして、さらに言えば、切腹によりその責任を取ったというよりも、御徒目付から不備を指摘されたことで潰れた自らの面子を回復するための切腹ではなかっただろうか。

もちろん、十左衛門が切腹したところで、手落ちが解消されるわけではない。しかし、武士は、腹を割いてでも自分の手落ちではないことを示そうとしたのである。

こうしたことで切腹した武士がいる以上、おそらく江戸時代には、史料にも残らず、我々が知り得ない数多くの切腹があったと推測される。それは、切腹することで武士の心情を吐露し、名誉を回復することができるという観念があったからこそであろう。

第二章　罪と罰と切腹

第一節　喧嘩両成敗による切腹

天下の御法、喧嘩両成敗

武士の喧嘩は、双方とも罰せられることになっていた。この喧嘩両成敗法は、甲斐の戦国大名武田信玄の分国法（信玄家法）などに見られるように、戦国時代に成立し、統一政権のもとで「天下の御法」としての地位を確立した。第一章第一節で見た島津家と池田家の家臣の争いでも、幕府は、「喧嘩両成敗は天下の御法」であるとして、池田輝政に家臣を切腹させるよう命令している。

幕府内でも、すでに紹介した柘植正勝の切腹が喧嘩両成敗によるものである。同様な事件は、寛永十年（一六三三）三月二十二日にも発生している（「大猷院殿御実紀」）。

幕府右筆《ゆうひつ》服部半三郎は、同僚の山中三右衛門と殿中で口論し、三右衛門を侮辱した。これを恨みに思った三右衛門は、追手門《おってもん》の下馬先で半三郎を待ち伏せし、斬り掛けた。ところが半三郎は、逆に三右衛門とその従僕を斬り殺した。

翌日、この事件は家光の耳に達し、半三郎は切腹を命じられている。半三郎は「心繰《こころぐ》り穏便の者（隠やかな性格の者）」だったため、上下とも彼を惜しまないものはなかったという。しかし、喧嘩をして相手を殺害した以上、切腹は不可避だったのである。

このように、武士が切腹に追い込まれる事例で最も多いのは、喧嘩をして相手を斬り殺したものである。一口に喧嘩と言っても、お互いに遺恨を持っていて果たし合いをすることもあれば、あるいは片方だけが遺恨を持って斬り掛かることもある。また、当座の言い合いから刀を抜いての刃傷事件に発展することもある。

以下、『会津藩家世実紀』に拠りながら、いくつかの事例を紹介しよう。

覚えのない恨みで斬り殺される

正保《しょうほう》三年（一六四六）三月十九日に起こったのは、片方だけが遺恨を持って同僚を斬り殺した事件である。

栗田宇右衛門は、この日朝食を済ませた後、相組《あいぐみ》（組を同じくする同僚）檜山忠兵衛宅を訪問し、

「刀を拵《こしら》えたので、見てほしい」

と言いながら刀を抜いて忠兵衛に渡した。

「一段と見事です」

忠兵衛は刀を眺めてそう答え、宇右衛門にその刀を返した。すると宇右衛門は、受け取った刀で忠兵衛に斬り掛かった。宇右衛門の刀は、頭から顔にかけて二太刀《ふたたち》、左の肩先から袈《け》裟《さ》に胴半分まで及んだという。

忠兵衛も脇差を抜き二太刀ほど返したが、なにぶんにも先に深手を負ったので思うに任せなかった。宇右衛門は忠兵衛に深手を負わせたことで安心したのか、表に出て、遠縁の郷右衛門の宅へと退いた。

忠兵衛は、深手を負っていたので追いかけることは出来ず、

「自分は相手の恨みを買った覚えがないので、乱心かもしれない。助太刀の者もいなかった」

と、近所の者に事情を報告し、しばらく後に絶命した。

報告を受けた藩では、郷右衛門宅へ人を遣わして宇右衛門を尋問した。それに対して宇右衛門は、落ち着いた様子で答えた。

「何の申し訳もありません。少し意趣（恨み）を持っていたのでこうしました。忠兵衛にも覚えはないことでしょう。諸傍輩《ほうばい》にも誰にもわからないと思います。拙者の心中に照らして行ったことです。去年から思い詰めていたことでしたので、家作や借物などのことまで気を付けていました。私の宗旨の寺ですので、大龍寺《だいりゅうじ》で切腹したいと思います」

しかし藩当局はこれを許さず、郷右衛門宅での切腹を命じた。宇右衛門はやむなくその場で切腹し、一件は藩主に言上された。

理由はどうあれ、生き残ったほうは切腹

万治《まんじ》元年（一六五八）九月十二日、小姓の伊藤九郎太郎が鷲見縫《ぬい》殿左衛門と喧嘩をし、縫殿左衛門が即死した時も、九郎太郎に対して即座に切腹が命じられている。

この縫殿左衛門は、明暦《めいれき》元年（一六五五）十月、百五十石で新規に召し出された者で、藩主のお気に入りの者だった。それを恨んだ九郎太郎が喧嘩を仕掛けたのだと思われる。史料に拠ると、衆道《しゅどう》（男色）のことでの争いが原因だったようだが（「其趣の次第は、衆道の旨趣にもこれ在るべき哉に候処、不分明に候」）、穿鑿がなかったため詳しい事情はわからない。

このように、武士が喧嘩をして相手が死ねば、即座に切腹を命じられる。これは喧嘩両成敗法に基づくもので、その場合は詳しい穿鑿もない。

延宝《えんぽう》六年（一六七八）三月二十九日、無役の北郷弥内は、小番の竹本三四郎を誘い、御用部屋物書の根岸喜兵衛宅を訪れた。弥内と三四郎はその場で刃傷となり、弥内は即死し、三四郎は手傷を負った。

その日の夜、三四郎は物頭《ものがしら》一瀬甚五右衛門に預けられた。

弥内は、親類に書置きを残していた。それに拠ると意趣を含んでいたのは弥内であり、弥内が仕掛けた喧嘩のようだったが、家老は書置きのことは一切穿鑿せず、三四郎に切腹を命じた。喧嘩で一方が死ねば、残ったほうも切腹するのが決まりだから、事件の穿鑿は重要な事だと考えられていなかったのである。

同じ延宝六年の九月二十七日にも藩士同士の喧嘩があり、高見沢四右衛門を斬り殺した柴田九郎左衛門が切腹に処せられている。武士が喧嘩をして斬り合うというような事件は毎年あるというものでもないが、多い年には二度、三度と起こっており、その度に生き残ったほうに切腹が命じられたのである。

喧嘩は武士の華

個人の戦闘力を基盤に主君に仕える武士にとって、やむを得ない場合には喧嘩する必要があった。岡山藩主池田光政《いけだみつまさ》は、正保四年（一六四七）正月、将軍家光から拝領した鶴開きの場で喧嘩をしかけた武士を成敗とし、それを構わなかった武士に改易を命じている（『池田光政日記』）。

その場で相手をしなかったのは「しんびやう（神妙）」であるが、後日何もしなかったのは「あまりおんびん（穏便）之仕合《しあわせ》」であったからである。武士は、そのような場合には戦闘力があることを実証してみせなければならなかったのである（高木昭作『日本近世国家史の研究』）。

したがって、喧嘩は、相手を斬り殺した場合は切腹になるとはいえ、必ずしも犯罪とみなされていたわけではない。加賀藩士の子、杉本九十郎の喧嘩（「政隣記」）などは、そういう認識をよく示している。

宝永《ほうえい》五年（一七〇八）三月、九十郎は、囲碁の助言をくり返した小川太郎三郎と口論になった。相手が幼い者であることから帰ろうとした九十郎は、後ろから雑言《ぞうげん》（無礼な言葉）を投げかけられたため、衝動的に太郎三郎を斬り倒した。九十郎は御徒《おかち》の子で十六歳、太郎三郎は火矢方御細工人の子でわずか十三歳、ともに下級武士の子である。

九十郎を預かることを申し出た御徒の組頭青地弥四郎は、太郎三郎が息を引き取ったことを知った時、月番家老の前田近江守へ次のように申し出ている。

これ（太郎三郎の死去）により最早埒明《もはやらちあ》け候得共《そうらえども》、頭《かしら》宅にて生害《しょうがい》とこれ有りては罪科人の体《てい》に成り候条《じょう》、此上は御預けなされ候ても御断り申し上ぐべく候。

——これによってもう結果は明らかですが、頭の宅で自害するというのでは犯罪者のようになりますので、今後はお預けなさると言われてもお断り申し上げます。

「これにより最早埒明け候」という言葉は、喧嘩をして相手が死ねばその者も切腹という掟があったことをよく示している。現在の少年法のようなものはなく、九十郎の運命はもはや定まったのだった。

注目すべきなのは、次の「頭宅にて生害とこれ有りては罪科人の体に成り候」という言葉である。頭（上司）の家で切腹するというのは犯罪者への処置であり、喧嘩をして切腹を命じられた者にはふさわしくない、と考えられていたことがわかる。

喧嘩をして相手を討ち果たした九十郎の行為は、武士として当然の行動だった。そのことで罪に問われることはなく、ただ自ら切腹することだけが要請された。つまりこの切腹は、表面上はあくまで九十郎の自主的な行動であって、罰として科されるものではなかったのである。

もっとも加賀藩家老は、落着まで九十郎を青地に預けることを決めた。しかし、「不義の事ゆえ頭に預けるのですか」と尋ねた青地に対し、家老の一人本多安房《ほんだあわ》は、「先例で御預けになるのではない。一類（親類）もない者なので、新格（新規の措置）として御手前に預けると申されている」

と弁解している。家老の認識でも、九十郎の行動は、「不義の事」ではなかったのである。

大評判となった九十郎の切腹

青地宅での九十郎は神妙そのものであった。太郎三郎に関しても、「日頃は雑言など言う者ではなかったのに、ついもののはずみで言い合いになってしまった」と反省を込めて述懐している。青地の待遇も罪人に対するものではなく、大小（刀と脇差）を持つことすら許そうとしている。

四月十日、九十郎は竹田宇右衛門という中級藩士に預け替えされた。これは、高禄の武士である人持組の青地宅へ預けることは、いかにも厳重に監視しているようで九十郎に対して礼を失すると思われたからである。そして同月二十八日、家老たちは九十郎に切腹を命じた。その書付は家老の連判で、次のように命じている。

相手小川太郎三郎相果て候に付き、九十郎切腹仰せ付けらる。

相手が死んだから切腹になる、というのである。太郎三郎を斬ったことへの判断は何も書かれていない。

青地が、家老の書付を開いて九十郎に申し渡したところ、

「この上ない御命令で、ありがたく存じます（「段々結構に仰せ付けられ有り難く存じ奉る」）」

と九十郎が御請け（返答）した。それに対し、横目の熊谷半助が挨拶した。

「今回のことは大満足の結末でした（「今般残る所無き首尾」）」

主君の寛大な計らいで、武士の作法に則った切腹を許されたことは、「残る所無き首尾」

であることが共通認識だったのである。熊谷の挨拶に対し、九十郎は一礼した。

九十郎は、連れ添って来た竹田の家来に、

「軽き者に対し、しつらえなどたいへん結構にしていただき、忝《かたじ》けありません」

と竹田への伝言を託し、庭に建てられた三間余の仮屋で切腹した。脇差を左腹に突き立て、押しつけながら右の脇まで切り回すまでのあいだ、九十郎の顔はにこやかで、顔色は少しも変わらなかったという。

介錯にあたった小姓組士の徳田理左衛門は、九十郎が脇差を右脇まで回し終えて俯《うつむ》いた後、左後方から刀を振り下ろして首を落とした。この最期は、「幼少にて神妙などいふはおろか、千万の中にも有り難き人傑」であると大評判になった。報告を受けた家老たちもみな涙を流し、近江守などは感激のあまり、「もう一度話してくれ」と所望したという。

喧嘩での切腹は、犯罪に対する処罰ではなく、武士の礼を尽くしたものだったのである。

気丈なる武士の母

余談ながら、九十郎の母の態度を紹介しておこう。

彼女は、九十郎が太郎三郎を斬った黄昏時《たそがれどき》、その場へ駆けつけ、太郎三郎の傷を確かめたという。下級とはいえ武士の妻女らしい気丈な行動であった。

そして、九十郎が青地宅へ預けられることになって家を出るとき、

「長い間、お世話になりました（「久々御介抱忝なく候」）」

と母へ御礼の言葉を言ったのに対して、次のように答えている。

「あと一つの仕事を立派にやり遂げるように（「今一度の首尾、でかし候様に」）」

これが、武士の母の態度であった。九十郎の母は、ついに息子に対しては涙を落とさなかった。しかし、泣き腫らした目は隠しようがなかったという。

九十郎が切腹した後、かねてより覚悟していたこととはいえ、九十郎の母の嘆きは大変なものだった。なにも喉を通らない彼女を見かね、青地は粥を調理させて送ったという。「今一度の首尾、でかし候様に」と気丈に言った母であったが、子を失った親の感情は当然このようなものであっただろう。

理不尽な強襲に対処する

ところで、全く身に覚えがないのに理不尽に斬り掛けられ、それに応戦したとしたら、それも喧嘩と見なされるのであろうか。先に見た檜山忠兵衛にしても、相手の恨みを買った覚

えはなかった。もしこの忠兵衛が応戦して宇右衛門を斬り殺し、自分が生き残ったとしたら、喧嘩として切腹を命じられるのであろうか。

その場合はそれなりに穿鑿があり、喧嘩であると認定されれば、やはり忠兵衛も切腹しなければならない。しかし、何の覚えもないのに人に斬り掛けられ、正当防衛として相手を斬って切腹では割り切れない。

幸い、そうした事例が残っている。寛文《かんぶん》六年（一六六六）、会津藩における事件である。

この年の四月十六日、組付の飯田八郎兵衛が同組の相沢平右衛門の宅を訪問し、「意趣がある」ということで平右衛門に斬り掛かった。

そこで平右衛門は八郎兵衛の刀を奪い取り、逆に八郎兵衛に一太刀斬りつけたのだが、すぐに近所の者が集まってきて、両者を止めた。

早速、組頭堀半右衛門が報告を聞いて駆けつけてきて、両者に尋問したところ、八郎兵衛は次のように供述した。

「平右衛門は、番所において、たびたび私を侮《あなど》っているようにしゃべるので、意趣に存じていました。たびたび馬鹿にしていたというだけで、言葉に出して言ったということではありません」

これに対し、平右衛門は答えた。

「何であっても遺恨を受けるようなことをした覚えはありません。侮ったことも一度もありませんが、この事は私が申し訳することはできませんので、相番の者を一人ずつ御尋ね下さい」

そこで、同僚の者に二人の関係を聞いてみたところ、平右衛門が八郎兵衛を侮っていたというようなことはなかったと証言した。そこで堀は、それぞれの口書（供述書）を作成して、家老に提出した。

家老の判決は、八郎兵衛に対しては切腹であった。平右衛門の日頃の行いに八郎兵衛が主張するような侮ったものがなかったこと、さらに急に斬り掛けたことが「十方《とほう》もなき仕方（とんでもないやり方）」であるとされたのである。一方、平右衛門に対しては、次のような判決であった。


平右衛門儀、理不尽なる儀に逢い候得《え》ども、其時の仕方悪《あ》しくこれなく、殊《こと》に八郎兵衛意趣の分も聞かず候。依って御赦免《しゃめん》なされ、前々の通り召し仕《つか》はれ候。

——平右衛門は、理不尽なことに逢ったけれども、その時の対応は悪くなく、また八郎兵衛が恨みを持ったという事実も確かなことではなかった。よって御赦免なされ、従来の通りに召し仕われます。

同僚に斬り掛けられてもあわてず、素手で相手の刀を奪い取って一太刀浴びせるという行動が評価されたのである。もちろん、八郎兵衛を侮っていたという証言が出てきたとしたらどうなったかはわからないが、日頃の彼の行動も正当なものだった。

おそらく平右衛門は、八郎兵衛に一太刀浴びせた時点で、切腹を覚悟していたであろう。しかし、結果的にはそれがよかったのである。もし、斬り掛けられて逃げていたとしたら、切腹こそ免れたかもしれないが、武士にあるまじき振る舞いということで追放になったと思われる。

家老から先の判決を申し渡された平右衛門は、次のように言上した。

同罪にも仰せ付けらるべきかと存じ奉り候処、身命を御助けなされ御免許を蒙《こうむ》り、前々の通り召し仕るべき段、其身は申し上げるに及ばず、一類の者迄有り難く存じ奉り候。

――（八郎兵衛と）同罪に命じられることもあるかと存じておりましたところ、身命を御助けなさるとの御免許をうけ、前々の通り召し仕われるということ、私は申すまでもなく、親類の者までありがたく存じ奉ります。

「同罪にも仰せ付けらるべきか」と思っていたというのは、おそらく平右衛門の本音であろう。

平右衛門のように武芸に秀で、常に言動を慎んでいれば、このような時にも救われることになる。しかし、普通の武士にとって、それは難しいことであっただろう。

武士と町人の喧嘩

最後に、武士と町人との喧嘩について触れておこう。江戸時代最初の武士と町人の大がかりな喧嘩は、長州藩毛利家におけるものである。

慶長十三年（一六〇八）三月、毛利輝元《てるもと》の家臣桂三左衛門（元時）は、町人に喧嘩をしかけた家来が町人に打擲《ちょうちゃく》されたため、大勢の者を遣わして報復した。その時、相手の町人たちだけではなく、周囲の住民や通行人までも傷つけ、町を散々にうち壊したため、元時は切腹を命じられた（『毛利氏四代実録考証論断』）。

輝元は、町人の仕返しでいったん収まった喧嘩を、報復のため大勢の家来を遣わして掘り返し、散々乱暴を働いた後で、ときの声まで上げた元時の行動を問題としたのである。

輝元は、元時の祖父井原四郎右衛門（元以）に、

「我々城きわの町うちやぶり候事は、何ほどの儀と存じ候哉（私の城下の町をうち壊すことが、どれほど大変なことかわかっていないのか）。前代未聞更々言語に及ばず候」

などと処罰の理由を述べている。

ただし、町人相手の喧嘩で命を落とす元時にはさすがに同情的な面もあって、他の家臣に宛てては次のように書いている。

三左衛門事、不便《ふびん》（不憫）に候つれども、大体家の法度《はっと》にはかくれざる事に候条、腹をきらせ候。

——三左衛門は、不憫ではあるが、家法に触れることであるので、腹を切らせた。

城下町の町人は、藩主が保護すべき者たちである。家臣の身として、大勢で襲撃して傷つけるなどということはあってはならないことだったのである。ただし、この喧嘩で死者は出

てないようだから、元時も町人相手ということで、下々の者に襲わせ、武具などは使わせなかったのだと思われる。

他に武士と町人の喧嘩で有名なものに、寛文《かんぶん》四年（一六六四）に起こった、旗本奴の首領水野成之《なりゆき》と町奴の首領幡随院《ばんずいいん》長兵衛のものがある。成之は長兵衛を殺害するが、それに対しての処罰はなかった。これは、長兵衛が有名な「かぶき者」だったためであろう。

「かぶき者」とは、髪型や髭、服装など、ことさら人とは変わった異形《いぎょう》の姿をし、長脇差を差し、町を練り歩いて町人らに迷惑をかける無頼の徒《と》である。これは、武士にも町人にもあり、両グループで抗争することもあった。

さて、なんとか処罰を免れた成之であったが、幕府は、穿鑿にあたって成之に無礼の振舞いがあったとして、切腹を命じている。喧嘩そのものではなく、喧嘩後の穿鑿のやり取りで切腹となったのであった。

また、元禄十三年（一七〇〇）十二月、長崎で起こった佐賀藩深堀《ふかぼり》領（領主鍋島茂久《しげひさ》）の武士と、長崎町年寄高木彦右衛門の喧嘩も有名である（「長崎喧嘩録」）。

彦右衛門の使用人惣内と深堀武士との諍《いさか》いから起こったこの事件は、深堀武士十二名による彦右衛門屋敷への討ち入りと、彦右衛門斬殺を引き起こした。これほどの人数で討ち入ったのは、相手の惣内らが長崎・五島町《ごとうまち》の深堀屋敷に棒を持って襲撃したことが、主君鍋島茂久への狼藉《ろうぜき》と解釈されたためである。

喧嘩の当事者であった志波原武右衛門と深堀三右衛門は、討ち入り後、自ら切腹して果てた。そして、ともに討ち入った残りの十人は、翌十四年、幕府の裁定により切腹が命じられ、遅れて彦右衛門屋敷に着いた九人にも遠島（重い流罪）が命じられた。いくら武士であっても、理不尽に町人を襲撃したりすれば、切腹は免れなかったのである。

第二節　刑罰としての切腹

思ったほど多くはない旗本の切腹刑

三代将軍家光の時期までは、喧嘩や不祥事で切腹を命じられる旗本が何人か見られる。しかし、四代将軍家綱《いえつな》以降の時期には、旗本で切腹に処せられる者は少ない。

千葉徳爾氏は、「江戸時代に切腹は、正式と認められる形では極めて稀なことであり、八百万石の徳川幕府の刑としても約二五〇年の治世にわずか二〇件ほどしか執行されていないということを注意しておきたい」（前掲書）と述べている。これは重要な指摘で、筆者が探索した限りでも、史料に残る旗本の切腹刑が稀だったことは確かである。

ただし、幕府目付、勘定奉行などを歴任した中川忠英旧蔵の『延享録《えんきょうろく》』では、切腹刑が二件紹介されている。最初は延享三年（一七四六）二月四日、小普請杉山彦一郎が甥と姉を殺害し、切腹を命じられたものである。

彦一郎の甥福森半七郎は、しばしば「不良の行い」があった。彦一郎は半七郎を何度も説諭していたが、ある時、半七郎は叔父の言葉に従わず、刀を抜いて立ち向かおうとした。そこで、彦一郎も抜き合い、やむなく半七郎を斬り殺したのである。その時、彦一郎の姉も傷ついて死んだ（「惇信院殿御実紀」）。

姉というのは、おそらく半七郎の母で、半七郎を庇《かば》おうとしたのだと思われる。この事件では、どちらに理があるかはわからないが、幕府は二人を殺害したことを重く見て彦一郎に切腹を命じている。

また、同年七月二十五日には、乱心して伯父横地善左衛門を殺害した西丸小十人組士美濃部貞庸が切腹を命じられている。

このように、わずか半年の間に二件もの切腹刑があったこともある。これ以外の事例は見出していないが、今後さらに調査を進めていけば、より多くの事例が得られるであろうと予測される。

もう一件、旗本の切腹刑を紹介しよう。

天保《てんぽう》九年（一八三八）に幕府が仰せ渡した書類を控えた『天保九年仰渡書』には、西丸書院番松平靭負の切腹に関する記事がある。

松平靭負は、息子の鉄蔵が疱瘡《ほうそう》で死去したにもかかわらず、実家の甥佐原金蔵が悔やみにも来ないことを不快に思い、謝らせようと金蔵宅へと赴いた。ところが金蔵が持病のためなどと言い訳したことに逆上し、金蔵に深手を負わせ、さらに金蔵を庇おうとした金蔵の妻のとみにも斬り掛けた。

とみはその場で即死し、金蔵は同夜に死去したという。おそらく金蔵もその場で死んでいたはずであるが、武士が斬り合いで死んだ場合、このように後日、治療の甲斐無く死去したと届けられる場合が多い。その場で死ねば喧嘩に負けた臆病者となるが、後日死去の場合は、重傷にもかかわらず生きたということで殊勝な者となるからである。

靭負は、甥夫婦を殺害した廉《かど》で預け先の松平長門守邸で切腹を命じられた。この史料には

切腹と三宝

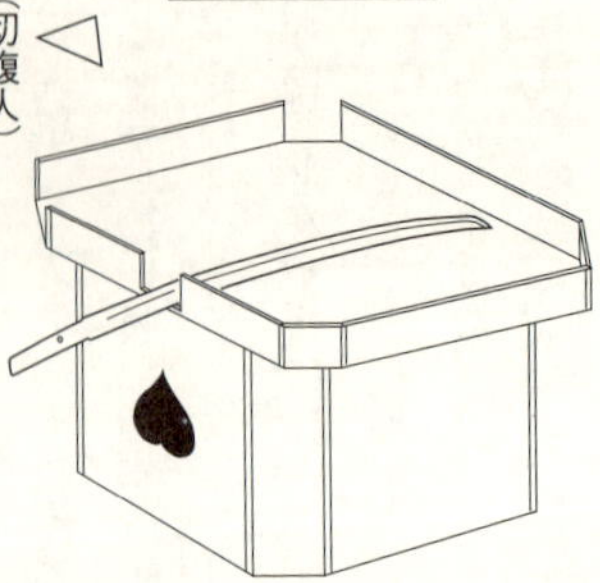

脇差を載せる三宝《さんぼう》は、「逆礼《ぎゃくれい》」を取る。すなわち、刳形《くりがた》（透かし穴）のないほうを前向きに置き、脇差も刃のほうを切腹人に向ける。そして、三宝から脇差が落ちないように側面に彫り込みを入れ、また凶例であることから切腹人側の縁を落とした。なお、本来は三方であり、かつては「さんぼう」と読んだ。

彼の切腹の様子が詳しく載せられているので紹介しておこう。

検使并《ならびに》長門守様始め夫々《それぞれ》出席、同夜御同所御座敷において、三方（三宝）ニ木刀ヲ載せ為右衛門持参、御請け取り御戴きの処にて、太刀取り直次郎、介添のどの皮三寸ばかり付き候由を取り上げ、首かき取り、両御目付へ御目に懸け、御見受けの御口上これ有り、皆々退座。

――検使の者、松平長門守様らを始めとしてそれぞれ出席し、同夜、長門守邸の御座敷において（切腹が行われた）。後藤為右衛門という者が三宝に木刀を載せて持参した。松平靫負がそれを受け取り、木刀を手に戴いたところで、広瀬直次郎が介錯し、介添の者がのどの皮三寸ばかり付いている首を取り上げ、それを掻き取って目付に見せた。目付は「見受けた」と口上を述べ、見分の者はみな退座した。

このように、三宝には脇差ではなく木刀が載せられ、松平靭負がそれを取り上げると即座に介錯の者が首を切ったのである。その首の切り方も、首の皮を残して切り、介添の者がそれを掻き切って検使へ見せる、というものだった。

切腹刑の意外なカラクリ

江戸幕府が旗本に切腹を命じた事例が少ないことは確かである。それには、次のような事情があったと推定される。

旧幕臣だった村山鎮は、旗本に嫌疑があった場合の処置について、以下のように回想している（『大奥秘記』）。

旗本の者いよいよ罪人となると、それ以前に悉《ことごと》く探索してあるから、間違いはないけれども、評定所から御老中の封書御尋ねということになる。それは、頭、支配でも見ることは出来ぬもので、全く自分へ直《じか》に来るのです。この封書御尋ねが来て申訳《もうしわけ》がなければ、直ぐ屠腹自殺すれば、単に病死とし、倅《せがれ》あらば跡式《あとしき》家督を願い、そのまま家は立てて下された。

内密に封書でお尋ねがあり、申し開きができない時は、切腹して果てれば子供に家を継がせることができたのである。

その内容は、頭や支配にも知らされないのであるから、自らの罪は周囲に知られないで済む。死ねばすべてが許されるのであれば、切腹するのもやむを得ないと思ったのではないだろうか。

こうした慣行を生んだ最も大きな理由は、本来将軍の直臣《じきしん》である旗本に、罪を犯す不心得者はいない、という建前があったためであろう。旗本にそのような者がいることは容認しがたいことであり、本人に切腹させることによって建前を維持しようとしたのである。このような措置は旗本の特権であったが、諸藩でも同様だったと考えられる。

このような切腹の事例として、大隅三好氏は戯作《げさく》者柳亭種彦《りゅうていたねひこ》の事例をあげている（前掲書）。

柳亭種彦は、本名は高屋知久《たかやともひさ》という二百俵の旗本で、小普請（無役）であった。爛熟《らんじゅく》と称される化政期（家斉《いえなり》大御所時代）、著書の『偐紫《にせむらさき》田舎源氏』が大当たりを取り、当時随一の人気作家となった。

しかし、老中水野忠邦《みずのただくに》による天保の改革が始まると、同書が大奥を題材にしていたため幕府当局の忌諱《きき》に触れ、絶版とされ、譴責《けんせき》を受けた。ついで他に春本《しゅんぽん》があることも知れ、再度召喚となった。しかしその直後、種彦は死に、幕府の穿鑿は中断された。

この種彦の死は病死だとされている（鈴木重三「柳亭種彦」）が、大隅氏は、お尋ねの内容に申し開きができないことから切腹したのではないかと推測する。真相は不明としか言いようがないが、不自然な死を遂げた旗本には、そのような噂がつきまとう。

寛政の改革の頃、中風の発作で死んだとされる町奉行初鹿野信興《はじかののぶおき》も、実は御役筋に不首尾なことがあり切腹を命じられたというのがもっぱらの噂であった（「よしの冊子」）。

切腹できない臆病な旗本には服毒強要

申し開きはできないが、死にたくもないという臆病な旗本はどうなったのだろうか。

その場合は、封書御尋ねに対して御封書請書に、「更に存知申さず（まったく覚えがありません)」と書いて提出する。すると評定所への出頭命令が来て、出頭しなければならない。

評定所では大小の刀が取り上げられ、評定所の白洲《しらす》の縁側に引き立てられる。そして、三奉行と目付が「吟味中言葉を改める(審問中は言葉遣いを変える)」と言い放って被疑者を縁から下へと突き落とす。奉行らの言葉は厳しい尋問調のものになり、武士の礼はとられない。

いくら吟味でしらを切っても、すでに調査は済んでいるから、容疑者として揚《あが》り座敷へ差し遣わされる。ちなみに揚り座敷とは牢の一種であり、旗本など身分の高い者が収容される場所のことである。

そして、二、三度吟味を続けるうちに「揚り座敷において御紕《おただ》し中病死」となる。村山鎮に拠れば、病死の多くは「御薬頂戴」で、毒薬をもらって死ぬことを「一服」と称したという。つまり、服毒自殺を強要されるのである。

ここには、どうあっても旗本に不心得者はいない、という建前を維持しようとする幕府当局の姿が窺える。「御紕し中病死」となった者の家は断絶、家族は追放になる。ただし、三河以来の旗本で先祖の功績が多大な者は、知行の半分を召し上げられるだけで、家督相続は許されたという。

以上のように、江戸幕府における公式の切腹刑は確かに稀なことであったが、その裏には、隠れた切腹刑が数多く存在したのである。これは、旗本の身分を重くみた幕府の建前によるものだった。

収賄に罪のなすりつけ、加賀の悪徳役人

それでは、諸藩においてはどうだったのだろうか。まず加賀藩の切腹刑を見てみよう。

千葉徳爾氏は、安永《あんえい》九年（一七八〇）、若殿前田治脩《はるなが》の寵臣中村萬右衛門を刺殺した高田善蔵の切腹に関連して、次のように述べている（前掲書）。

「前田家のような百万石の大藩でも、高田善蔵の切腹より以前七〇年間には、正式の刑としての切腹がなかったということである」

この指摘は、加賀藩において高田善蔵の切腹以前に十件の切腹がある（『加賀藩史料』）ことから考えて、誤りだと言わざるを得ない。

加賀藩初の切腹は、後に紹介する稲葉左近の切腹である。これは、藩主光高《みつたか》が、父利常の不興を買った左近に、「其方命を我に得さすべし」（「三壺記」）と切腹を命じたものである。ただしこれは、切腹刑というよりも「賜死」と捉えたほうが正しいかもしれない。

犯した罪が死に値するということで切腹を命じられた、武士の刑罰としての切腹刑は、次の事件が最初の事例である。

承応《じょうおう》元年（一六五二）十月上旬のこと、加賀藩の隠居前田利常の居城であった小松《こまつ》城下町の侍屋敷に空きがあった。これは、事情があって跡目を相続する者がなかった者の屋敷だった。

その屋敷の番には、身分の低い者があたっていた。この番人は、「うかれ妻（遊女）」を置き、いつも四、五人の町人が集まって酒宴などを催していた。

近所の者は、空屋敷に人を集めて酒宴するなど「にくき仕合《しあわせ》（憎らしいやり方だ）」だと思い、度々注意したが、聞き入れられない。そこで、小松町奉行所の同心廣田源太夫に訴えたのだが、源太夫はそのまま放置した。

聞けば、源太夫は改めもせず、「いわれざる吟味哉《かな》」とあざ笑っているという。腹を立てた近所の者たちは、訴えを書付にして藩に言上した。

これを聞いた利常はたいへん立腹し、小松町奉行の浅野藤左衛門に命じて、出入りしていた町人を捕らえて牢に入れ、家財を闕所《けつしよ》処分とした。

そして町人を吟味したところ、町人は自分たちの無実を訴えた。

「これは町同心の廣田源太夫もかねて了承していることで、私どもが勝手に出入りしていたわけではありません。屋敷の番人は日用をして世を送っている者ですから、折々に雇っております。また別の日用を頼みたいと思う時は源太夫が別の者を雇ってくれましたので、源太夫に目をかけていました」

まもなく吟味を受けた源太夫は、「奉行の浅野様へ申し入れております」と言って責任逃れをしようとしたが、浅野はそのようなことはまったく知らないと突っぱねた。

色々と吟味をしたところ、源太夫が町方から賄賂《わいろ》を取り、見て見ぬ振りをしていたのだということが明らかになった。

そこで、源太夫父子には切腹が命じられ、屋敷の番人は追放となった。空屋敷に出入りしていた町人たちは、小松の歴々の町人だったということもあって、しばらくして赦免された（「三壺記」）。

源太夫は低い身分の武士だったが、町人たちから銀子十枚ずつの合力金《こうりよくきん》をもらい、有力町人を家来同然に扱っていたという。町の実質的な支配を任されていた同心という役職を笠に着たものであり、切腹も当然と言えよう。

酔っぱらって切腹⁉

また、寛文四年（一六六四）には、酒に酔って刀を振り回した加賀藩士の子が切腹に処せられている（「袖裏雑記」）。

定番馬廻組《じようばん》の吉田又右衛門の子勘右衛門は、野町《のまち》の大蓮寺《だいれんじ》で知り合い二人と逢い、亥刻《いのこく》（午後十時頃）過ぎから酒を飲んで、ずいぶんと酔った。さて、その帰り道、黒坂吉右衛門という者の屋敷前で、勘右衛門は浪人服部入也らと行き合った。

勘右衛門がよろめいてぶつかったためか、入也が勘右衛門を咎めた。すると勘右衛門は、刀を抜いて入也に斬り付けたが、入也には当たらなかった。

その夜、入也は一緒にいた者とともに吉田又右衛門の家を訪れた。出てきた勘右衛門は、次のように弁解した。

「今夜のことは、酒に酔っていて、わけもわからなくなっていたので、どうかよろしく頼みます」

しかし、この件は藩の吟味するところとなった。

勘右衛門は、最初、「入也に斬り付けたことは覚えていない」と弁解したが、目撃者もあったことから、「一刀斬り外したことは覚えているが、その後のことは少しも覚えていない」

と供述を変えた。

また、参考人として呼ばれた大蓮寺の住持《じゅうじ》は、「勘右衛門は少しは酔っていたように思うが、正体無き程ではなかった」と証言した。

藩当局は、勘右衛門の供述が変わったことを重く見て、その旨を藩主に言上したところ、青山将監へ預けるとの仰せがあった。おそらくは切腹が命じられたであろうと史料には記されている。

加賀藩において、以上のような切腹刑が、少なくとも江戸前期にはすでに言い渡されていたことを確認しておきたい。

ピンハネに横領の外道武士

次に保科《ほしな》家中（山形藩、のち会津藩）における切腹刑を見ておこう。『会津藩家世実紀』に記載された最初の切腹刑は、寛永十九年（一六四二）のものである。

この年の二月二十九日、夏目伊織という中級家臣が切腹を命じられた。なお、この時期の藩主保科正之《まさゆき》の領地は山形である。

伊織は、藩の「御厩之司《おうまやのつかさ》」を務めていた。もと守能図書という者の門弟であり、一八、一九歳の頃、天下の名人と称された者であった。山形藩にはその馬を御す能力を買われて仕官したのである。知行は六百石、新たに召し出された者としては高禄であり、藩から高く評価された者だと考えてよい。

伊織の職である「御厩之司」は、藩主の御厩の責任者で、かなりの権限を持っていた。

伊織は江戸詰めの時、町から買い上げた大豆を直接上屋敷に届けることをしないで、まず市ケ谷《いちがや》にあった藩の厩に納入させた。そこで、一石につき一斗ずつを自分の懐に入れ、残りを上屋敷に届けていた。つまり、藩の公金で購入した馬の飼料である大豆の一割をピンハネしていたのである。

さらに、厩の者に欠落や病死、扶持を召し放たれた者があった時、本来は扶持の切米《きりまい》（給与）は返上すべきであるのを、後任の者が決まるまでは自分のものとしていた。また、国元の山形へ厩の者一人を出張させた際、五人分の路銭《ろせん》（出張費）を出して、四人分は自分の懐へ入れた。

これらは、現代で言うなれば業務上横領の罪であり、詐欺罪も適用されるほどの犯罪である。れっきとした武士でありながら、藩主の金をくすねるという大罪を平気で犯していたのである。

現在では、このような事件は懲戒免職だけでは済まず刑事罰も問われることになるが、江戸時代の武士ならば、知行召し放ちどころか切腹相当の罪である。はたして伊織は切腹に処せられた。おそらく伊織の場合、女癖が悪かったことが致命的であった。

伊織は、横領で得た金で、江戸では湯女《ゆな》を呼び寄せ、山形では女を買い取っていた。『会津藩家世実紀』では、彼の罪状を「女色貪欲《どんよく》之不行跡に付き」としており、この不行跡が追放で済まなかった理由かもしれない。

このように、現在なら懲戒免職に相当する程度の罪で、よく切腹が申し渡されていた。同じ宮仕えとはいえ、江戸時代の武士に対する処分は、現在とは比較にならないほど厳しいものだったのである。

心神喪失者の行為も罰する江戸の刑法

延宝三年（一六七五）五月二十四日には、会津藩の組頭生駒五兵衛《いこまごへえ》の子善五郎が切腹を命じられた。

善五郎は、伯父で郡奉行の村田与太夫を斬り殺したのだが、別に遺恨があったわけではなく、乱心によるものだった。事件後、父の五兵衛は組頭月番の沼沢九郎兵衛に届けを出した。報告を受けた家老は、検使として横目の森五郎左衛門と井上金右衛門を五兵衛宅へ遣わした。検使が与太夫の疵《きず》を改めたところ、与太夫は頭を斬られて死んでおり、善五郎へは何を尋ねても要領を得なかった。善五郎は、今で言う心神喪失の状態だったのである。

この件は、藩主保科正経《まさつね》に報告された。正経は善五郎に切腹を命じるが、その理由はいかにも江戸時代らしいものである。正経の仰せを引用してみよう。

喧嘩の儀にも候はば、御穿鑿の上、理不尽の様子に候得《え》ば、土津《はにつ》様（保科正之）御条目に任せられ、御助けの儀もこれ有るべく候得ども、乱心致し人を切り殺し、殊に与太夫事は伯父分に候由、善五郎本心に立ち帰り候はば定めて自滅に及びたく存ずべく候。五兵衛におゐても助け置きたくは存ずまじく候条、旁《かたがた》以《もっ》て善五郎に切腹仰せ付けられ候。

——喧嘩であれば、御穿鑿のうえ、理不尽なものであれば、保科正之様の御条目に従って御助けになることもあるけれども、乱心して人を切り殺し、そのうえ、与太夫は伯父にあたるというのだから、もし善五郎が正気に戻ればおそらく自害したいと思うであろう。父の五兵衛も助けたいとは思わないだろうから、それらの理由で善五郎に切腹を仰せ付けられた。

会津藩では、喧嘩ならば、生き残ったとしても単純に両成敗とはせず、藩祖保科正之の「御条目」に照らして助命されることもあったという。

ただし、善五郎のケースは乱心である。罪ではないが、もし善五郎が正気に戻ったならば自害したいと思うだろうし、父の五兵衛にしても伯父を殺した子を助けたいとは思わないだろうから切腹を命ずるというのである。

確かにその通りかもしれない。もし善五郎がまともな人間なら、正気に戻って自分が伯父を殺したことを知れば、そのままではいられないだろう。

現在の法律では、そのような状態のもとでの殺人に罪はないから、無罪である。しかし、江戸時代ではそうではない。万治《まんじ》元年（一六五八）九月五日の保科正之の仰せでは、「乱心者、人を切り殺し候はば、尤も成敗致すべく候」としている。善五郎のケースも、この仰せに従ったものだと言えよう。

なお、善五郎の切腹に検使派遣は無用とされている。この切腹は、刑罰としてというよりも、武士の特典として切腹を許した「賜死」と理解したほうがいいかもしれない。

第三節　切腹か、成敗か

武士の成敗

三田村《みたむら》鳶魚《えんぎょ》氏は、武士とそれ以外の者との処罰の違いについて、次のように指摘している（『敵討の話・幕府のスパイ政治』）。

武士たる者は、善悪の弁《わきま》えがないようではいけない。自分のしでかしたことを、自分で処罰出来ぬようでは、とても自主独立は出来ない。ですから、刑罰などの上においても、士は切腹ということになっておりました。（中略）町人・百姓になりますと、そういう場合に死罪を申し付ける。自分で自分のしでかしたことの始末がつかないから、その罪を贖うようにしてやらなければならぬ、ということになっております。

このように、武士は、最下級の者でも特典として切腹が許されていた。しかし、罪状によっては、まれに磔《はりつけ》や斬罪に処される場合がある。

たとえば、岡山藩主池田光政は、大坂陣の一番鑓《いちばんやり》を調査した際、自分の武功について虚偽を申告していたなら、「侍の上にこれなきほどの成敗」をすると述べている。「成敗」とは斬罪（打首）のことで、憎い奴だから侍にはあり得ない斬罪に処してやろう、ということである。

光政も、基本的には武士を斬罪にすることなど考えていなかった。しかし、その所行が武士としてあまりに恥ずべきものだとしたら、斬罪に処せられることもあったのである。

また武士の場合、実際には斬罪になったとしても、形だけは切腹とされることもあった。延宝二年（一六七四）十一月、心神喪失で妹を殺害した町奉行所同心新貝又之丞の場合も、斬罪とはなったが、形は切腹であった。これは、処理上、切腹したものとして扱われる。

実際の切腹でも、腹を切る以前に首を落とすことがあったし、脇差の代わりに扇子を持たせる「扇子腹《せんすばら》」という作法も江戸時代前期から存在した（氏家幹人《うじいえみきと》『大江戸残酷物語』）。

一方、武士身分以外の者は、死罪になるとしたら「成敗」であった。これも武士と同じく、現在から考えると軽い罪状でも成敗されている。

斬罪仕置の図（明治大学刑事博物館蔵『徳川幕府刑事図譜』より）

たとえば、業務上横領と女色貪欲の罪で切腹になった会津藩士夏目伊織の小者は、類が及ぶのを恐れて主人の切腹も見届けずに出奔した。しかし、彼はそのことだけで、自首したにもかかわらず成敗されている。著しく刑の均衡を失しているようであるが、これが江戸時代の処罰のあり方であった。

それでも成敗された加賀の武士

それでは、例外的に成敗に処された武士を、『加賀藩史料』から拾ってみよう。

延宝五年（一六七七）四月、千石《せんごく》の馬廻柴田柄漏の子孫之丞が、衆道の事で争い、自宅にて銀屋長右衛門という者を斬り殺した。

このため孫之丞は奥野右兵衛という者に預けられ、四月八日、斬罪となった。織田小八郎という者に預けられていた孫之丞の親、柄漏も同日に切腹を命じられた（「五公譜略」）。

孫之丞が切腹を許されなかった事情は、史料に「其首尾悪しきに依りて」としか書いていないので不明であるが、藩の禁じた衆道のもつれからの事件であるので、武士としての礼がとられなかったのであろう。

また、享保十六年（一七三一）十月十九日、毛利太兵衛という者がその弟助右衛門を殺害するという事件が起こった。そして翌十七年閏五月二十一日、次のように申し渡されている（「浚新秘策」）。


太兵衛儀、弟助右衛門江異見を加へ候処、承引《しよういん》仕《つかまつ》り難き旨にて、うしろにこれ有る脇刺（脇差）を帯し、手向い申す体に付き、切り殺すの段、先以《まずもつ》て助右衛門儀は御知行をも下し置かれ、重き役儀をも仰せ付けられ置く所、太兵衛儀、先年の首尾もこれ有り、御勘気の身として、殊《こと》に助右衛門厄介《やつかい》に罷《まか》り成り居り申す儀に候へば、左様の処を存じ付き候へば、仮令《たとひ》助右衛門切り懸け候とも、如何様にも仕り押し留め申すべき所、理不尽に切り殺す段、御上をも憚《はばか》らず、其上弟の儀に候得ば不慈の至り、不届き至極に思し召され候。これに依り急度《きつと》仰せ付けらるべく候へども、助右衛門仕形《しかた》も宜《よろ》しからざるに付き、一等御宥免《ゆうめん》（一段軽減）の趣を以て切腹仰せ付けらる。

――太兵衛は、弟の助右衛門へ意見したところ、（助右衛門は）聞き入れがたいということで、後ろにあった脇差を持ち、手向かいしそうだったので切り殺したということ（である）。まず、助右衛門は、（殿様から）御知行をも下し置かれ、重い役儀をも命じられている者（である）。一方の太兵衛は、先年の行動もあり、殿様のお怒りを受けている身であり、さらに助右衛門に扶養されているのだから、そのようなことを考えれば、もし助右衛門が切り掛けたとしても、なんとかして押し留めるべきであるのに、理不尽に切り殺したことは、御上をも憚らない行動で、その上弟に対して慈悲のない行動であって、不届き至極に思し召されている。これによって厳しく処罰すべきであるけれども、助右衛門の行動も宜しくないので、罪一等を減じて切腹を仰せ付けられる。

生活の面倒を見てもらっている弟を無慈悲に切り殺した太兵衛の行為は、「急度仰せ付けらるべ」きものであった。この場合は、斬罪を意味している。しかし、意見した兄に手向かいしようとしたという助右衛門の行動も宜しくないので、「一等御宥免」して切腹が許されたのである。

このように、本来は成敗でありながら、切腹を許すというケースは多い。これは、やはり武士の面子に配慮したものであろう。

余談ながら、この事件の背景を少し紹介しておこう。

十月十九日の暮れ過ぎ、助右衛門は妻に腹を立て、声高に叱責していた。部屋にいた太兵衛は、その声を聞いて助右衛門らのところへ言って諫《いさ》めたが、助右衛門はやめようとしない。

「女だからそのように言うのか。男に向かってはそのようには言えまい」

太兵衛のこの言葉に憤激した助右衛門は、後ろにあった脇差を取ろうとした。そこで、太兵衛は、助右衛門を斬り殺したというのである。

太兵衛によると、取り押さえようかとも考えたが、炬燵《こたつ》や行燈《あんどん》などもあり、油断していると助右衛門の妻子などにも危害が及ぶかもしれないと思い、即座に斬ったという。ただし、その場に残された助右衛門の脇差は抜かれておらず、太兵衛が主張したように脇差を抜いて手向かいしたわけではなかった。

太兵衛は助右衛門を斬ったあと、集まった家来たちに、

「弟として兄に手向かいしたので、斬ったのだ。大したことではないので驚くな」

と言い、食事をとると言って湯漬けを三杯食べたという。少し精神的に異常があったのかもしれない。

申し渡しの書付にある「先年の首尾」とは、二十年ほど前の事件のことである。太兵衛は兄の半太夫に存念（思うところ）があると言って出奔し、江戸の浅草寺《せんそうじ》へ入って出家しようとしたのであった。この時は、寺の住持から通報を受けた半太夫や助右衛門が江戸に行き、太兵衛を説得して国に帰らせた。

その後、太兵衛は勤めもしていなかったが、近年は助右衛門が自分の屋敷へ引き取り、外にも出すようにして、下僕も一人付けるなど、兄として敬っていたという。先の事件は、どう考えても太兵衛の独りよがりな行動だったようである。

あるいは太兵衛が、助右衛門の妻と密通していたかもしれないと思う読者もいるだろう。そう思うのは当時の人も同じだったようで、そのことを太兵衛に詰問したところ、そういう事実はなかったという。

見せしめとして武士を成敗

会津藩でも、武士身分でありながら成敗された者たちがいる。『会津藩家世実紀』から、いくつかを拾ってみよう。

正保四年（一六四七）十二月八日、江戸納戸金を盗んだ黒河内主米という者が、牢内で成敗された。この時は、主米の不正を見逃してしまった同役の堀内作左衛門らも処罰された。主君の金を盗むということは、単なる盗みではなく、不敬罪相当の罪だったのである。

次に慶安《けいあん》四年（一六五一）一月二十五日、保科大之助（後の正経）の懐守《ふところもり》原市左衛門が、大之助の乳母と密通していたことが露見し、江戸で成敗された。これも不敬罪というべきもので、当時としては当然の処罰だっただろう。

寛文七年（一六六七）三月二十六日には、町同心小頭高橋弥右衛門の子市三郎と博労町《ばくろうまち》の六兵衛が、町中において「徒《いたずら》致し候」という廉で成敗されている。これは、厳しすぎるようなので、実際の事件を見ていこう。

その頃、会津城下では、若者たちが毎夜のように辻立ち（夜中に道路でたむろすること）をしていた。一、二人で、通行する町人や子供、下人（奉公人）、百姓などを驚かしたり、突き倒したりしていたという。また、下女などが通ると、言葉で嬲《なぶ》ったり、取り押さえて強姦することもあったという。

町奉行小原伊左衛門はこのような状況を放っておけず、そのような者は見つけ次第に捕らえるよう命じ、町同心に夜廻りさせるようになった。

この夜廻りの結果、辻立ちしていた者が十九人捕らえられ、親兄弟や親類に預けられた。そのなかには、町同心小頭高橋弥右衛門の子市三郎もいた。市三郎は、まだ十七歳の少年であった。

町奉行が彼らを穿鑿したところ、辻立ちして往来の者を突き倒したり、下女などを言葉で嬲ったりしたということは噂されているだけで証拠はなく、強姦したというようなことはなおさら本当かどうかわからなかった。

しかし、家老たちは成敗を主張し、彼らを牢に入れた。たむろして往来を妨げたことは「不作法千万」で、重罪だから成敗を命じるというのである。

しかし、町奉行が穿鑿したにもかかわらず、証拠はなかったのである。もし十九人全員を成敗したとしたら、なかには咎《とが》のない者がいるかもしれないし、罪に軽重もあると思われた。そこで、二人だけを「見懲《みごら》し（見せしめ）」として成敗することにした。

市三郎は、町同心小頭の子供だということで、「見懲し」の筆頭に挙げられた。町の治安に責任を持つ町同心小頭の子供として、辻立ちをするなどというのは罪が重いというのである。

また、もう一人の見せしめである博労町の六兵衛は二十二歳の若者であり、「金平」という異名を称していた。大脇差一本を差して辻立ちし、通行を妨げたり、通行人を突き倒したりしていたという。

六兵衛は、前年の九月、女が一人で歩いているのを捕まえようとしたことがあった。しかしその女が、「夫のある者を嬲ろうとしているので、お出合い下さい」と大声を上げたので、出てきた町内の者五、六人に制止された。こういう事実があったことが、六兵衛が「見懲し」の二番手になった理由であろう。家老の申し渡しでは「町人に似合わざる長き刀などを差し」といったことが理由として挙げられている。

六兵衛の成敗は、町人身分では当然であったが、武士である市三郎が成敗となったのは、町同心小頭という親の役職が逆に作用したものだと言えよう。本来なら彼の場合は、切腹で済むはずだったのである。

組織人間になり果てたサムライ

刑罰としての切腹は、江戸時代になって一般的に行われるようになったが、それが武士身分に対する配慮であったことは確かである。すでに述べたように、室町時代や戦国時代には、特別な武士だけが切腹を許され、一般の武士は罪を犯せば斬罪に処せられたのである。

なぜ、江戸時代の武士は、切腹を命じられるようになったのであろうか。それは、武士の気質の変化と無関係ではない。

戦国時代までの武士は、切腹を命じられたとしても素直には従わなかった。逃亡して他の主君に仕えることもできたし、逃亡できない時は抵抗もした。ただ、「切腹を命じる」と言えばそれで済む時代ではなかったのである。

もし切腹するとすれば、腹を割いて自分の潔白を証明するようなケースしか考えられない。しかし、成敗する主君も、その家臣に罪があると確信していたからこそ処罰するのである。

やがて江戸幕府が成立し、諸藩も同様に藩政を確立させてくると、武士は自分の属する組織以外では生きられないようになる。たとえ藩から出奔したとしても、他藩で召し抱えられる可能性はなく、武士としてはのたれ死にするしかない。そのような社会にあっては、主君から死ねと命じられれば、死ぬしかなかった。

そしてその代償として、死を命じられる際には、武士身分の重さに配慮し切腹が許されることになったのであろう。

ただし、最初は軍事的な圧力のもとでの切腹強制であった。切腹を命じると同時に、主君は討手《うって》を遣わして、その家臣の屋敷を取り巻かせるのが普通であった。もしその家臣が切腹しなければ、誅伐《ちゅうばつ》されることになる。

後に述べることになる加賀藩の稲葉左近にせよ、森鷗外の小説で有名な熊本藩の阿部一族にせよ、藩主は討手を遣わして彼らの屋敷を取り巻かせている。もっとも阿部一族は、切腹を命じられたわけではなかったから、果敢にも斬り殺されるまで抵抗した。これも江戸時代初期の特殊なケースである。江戸時代中期になれば、同じようなケースでも切腹して果てたであろう。

このように、江戸時代の武士は、幕府や藩といった組織を離れては生きていけない存在となっていた。そのため、主君に腹を切れと言われれば、素直に腹を切った。それどころか、腹を切れと言われる前から、自らの罪に気付けば、腹を切って謝罪するようになったのである。

明治になって洋行した元旗本の本多晋は、ロンドンの下宿屋の娘から、「あなたは昔武士だといふが、武士といふ者は刀を二本帯して居て、長いのでは人を斬り、短いのでは自分の腹を切るといふが、さうでありますか」と問われたという（「屠腹ニ関スル事実」）。これほどまでに切腹は、武士と不可分のものとなったのである。

武士の身分と切腹様式

切腹は、次第に様式が定まってきて、身分によって細かい取り決めができるようになった。井上哲次郎氏旧蔵の『切腹口決』という史料（東京大学史料編纂所蔵謄写本）に拠れば、畳の敷き方も、極上の敷き方（①図）は、３畳の畳を敷き、その上に布団を敷いて切腹する。上の敷き方（②図）は、３畳の畳を横に敷いて、布団を敷く。以下、中の敷き方（③図）は、２畳の畳を敷き、下の敷き方（④図）は、畳１畳の上に切腹する者が座り、横に置いた畳に介錯人が立つ。

さらに介錯にあたる者の心得として、もし切腹する者が心臆したと見えた時には、酒を用いて気を引き立てたり、「なんぞ書き置きたいことがあれば書き置きなさい」と硯や紙などを与え、書き置くべきことを考えて首の角度がよくなった時に首を落としたり、などといった奥の手も書かれている。もちろんこのような事は、検使と事前の内談が必要であるとされる。

①

極上鋪様

②

上ノ鋪様

③

中ノ鋪様

④

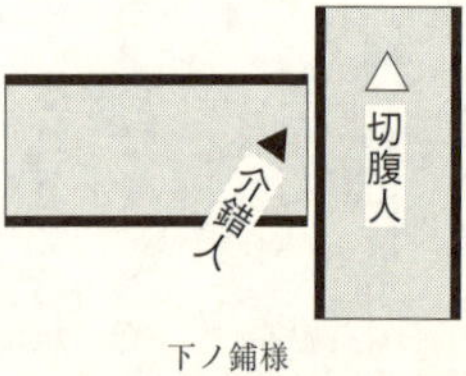

下ノ鋪様

第三章　なんとも切ない切腹

第一節　藩に見捨てられた武士たち

事の始まりは、武士の自尊心

江戸時代の武士は、意外なことで切腹を余儀なくされている。現在なら罪にもならないようなことで、切腹する羽目に陥った武士は多い。本章では、そういう事件を、『会津藩家世実紀』から紹介し、武士がいかに奇妙な規律のなかで生きていかなければならなかったかを見ていく。

まず、藩のためによかれと思ってしたことが、武士にふさわしくない行動とされ、切腹に追い込まれた藩士の話である。この事件は、氏家幹人氏が武士にとって噂がいかに重大な結果をもたらすかという観点から紹介しているが（『江戸藩邸物語』）、登場人物の言動が非常に興味深いので詳細に見ていこう。

寛永十九年（一六四二）四月朔日、前年十月に江戸へ上った内田三十郎は、半年の勤番を終え国元へ帰る途上であった。この時期の当主は保科正之で、城地は山形である。三十郎は二百石取りの中級藩士で、杉浦藤八郎の組に属していた。

三十郎は、宿泊を予定していた蘆野《あしの》宿に着き、長旅の疲れからか米沢藩家老平林内蔵助が宿泊する本陣の縁《えん》に佇《たたず》んでいた。

すると、それを見かけた平林の小者《こもの》が言葉をかけた。

「そこを退いて下さい（「其所退き候様に」）」

小者というから、武士身分ではない武家奉公人の言葉である。れっきとした武士だという自負のある三十郎は、これを無視した。

すると、相手は無礼な言葉を口にした。

これに対して三十郎が言葉で応酬したところ、平林の小者の一人が三十郎の胸ぐらをつかみ、また一人が髻《たぶさ》を取って引き倒して、縁から突き落とした。

怒った三十郎は、脇差を抜き、相手の一人の眉間《みけん》に切りつけた。すると、仲間の小者たちが棒を持って集まってきて、三十郎を取り押さえ、縄を掛けようとした。

そこに、騒ぎを聞いて来た問屋（宿場の責任者）の外記《げき》という者が割って入った。

「聊爾《りょうじ》なる儀（軽率な振る舞い）をしてはいけません」

外記は喧嘩の仲裁をし、三十郎の身柄を預かった。もし三十郎が縄を掛けられたりしたら、重大事件に発展することがわかっていたのである。

興奮冷めやらぬ三十郎は、家来に言いつけた。

「米沢藩の者に切り付け、縄を掛けられそうになったので、切腹する。お前は江戸に行き、御目付狩野八太夫方へ御検使していただくよう申せ」

他藩の者と斬り合いをすれば喧嘩であり、双方ともに切腹である。それがわかっていたからこそ、内蔵助の小者は棒で三十郎を取り押さえようとしたのであろう。

しかし、「縄目の恥」という言葉もあるように、武士にとって縄を掛けられることはこの上ない屈辱であり、それ自体が切腹に相当する恥であった。三十郎が切腹する気になったのはもっともなことだった。

事なかれ主義の決断

三十郎が遣わした飛脚は、蛇沢《へびさわ》というところで、三十郎と同じ杉浦藤八郎組の大貫四郎右衛門（百五十石）、下山田主税《ちから》（百石）、八嶋太郎兵衛（七十五石）の三人と行き違う。

飛脚から三十郎の話を聞いた彼らは、「三十郎が面目を失っていれば、意見をして腹を切らせよう」と考えた。

やがて三人は蘆野宿に到着し、三十郎に直接会って事情を聞こうとした。しかし、三十郎の居場所がわからない。

一方、三十郎は、冷静になって考えると腹を切らないで済むかもしれないと思い直し、先の飛脚を留めるための飛脚を遣わした。この追い飛脚は、蘆野宿より十一町ほどのところで、同じ組の永坂三郎右衛門と行き逢い、

「無事に相成り候（三十郎様は腹を切りません）」

と告げて先の飛脚を追っていった。

蘆野宿に到着した三郎右衛門は、先に到着した四郎右衛門ら三人と出会い、自分の宿へと連れて行った。三人は、当初の相談通りに主張した。

「とにかく三十郎に会って、面目を失っていることが確かならば、腹を切らせて相手に知らせるべきです」

しかし、年輩の三郎右衛門は別の考えをした。

「たとえ三十郎に腹を切らせたとしても、もし相手の平林が、小者などを切ってその首を出してきたなら、どうする」

「それはまったくあり得ないことです。こちらは侍で、向こうは小者では釣り合いがとれません。是非とも平林に腹を切らせなければ」

「もしそうなると、事が大きくなる。第一に殿様の御為《おため》にかかわることになるので、そういうやり方はできない。私に任せてほしい」

こうして、三郎右衛門は三十郎に会うことはせず、三十郎の家来を探して事情を聞こうとした。しかし、この決断が禍根を残すことになる。

部下をあっさり切る上司

三十郎の家来の居場所もわからなかった。四人は仕方なく、問屋の外記を呼んで事情を聞くことにした。

本陣の亭主の話だと、相手の平林内蔵助は、切りつけられた小者を成敗して渡すと言っているとのことだった。しかし、それでは武士たる三十郎の切腹とは釣り合いがとれない。そんなことで事態を収めるわけにはいかないというのが、四人共通の考えだった。

そうこうしているうちに、問屋の外記ら二人の者がやってきた。四人は、二人から事情を聞いた後、三郎右衛門の宿で組頭への注進の書状を認め、連判した。飛脚には、三郎右衛門の家来を充てることにした。三郎右衛門以外の三人は、明朝未明に飛脚を出すようにと念を押して、書状を三郎右衛門に渡した。

翌朝、問屋から相手が腹を切らないようだと聞いた平林は、夜明けに宿を発った。注進の書状は、まだ三郎右衛門の手のうちにあった。

つぎに三郎右衛門を訪問した問屋は、三十郎が会いたいと言っていることを三郎右衛門に告げた。そこで三郎右衛門は、まもなく蘆野宿に到着する予定の新たな四人と合わせ、総勢八人で三十郎に会うことにした。

三十郎は、喧嘩の経過を詳しく述べ、次のように言った。

「ずいぶんでかしたと存じています。相手の額を切ったので、拙者に相手の棒が当たったことは問題ないと思い、腹は切りませんでした。もし拙者に兎《うさぎ》の毛ほども悪い所があれば言ってください」

喧嘩の後、時間が経っているためか、初めは切腹を覚悟した三十郎の態度も変わり、できれば切腹したくないと思うようになっていた。

これに対し、八人の者は了承した。

「その通りであれば、問題はないだろう」

その後、八人は外記のところへ行って事情を再確認した。もとより武士の面子争いにつき合いたくない外記は、三十郎の述べた通りであることを請け合った。

やがて八人は一緒に蘆野宿を出て、白河《しらかわ》宿に向かった。三十郎も後から来た者たちに連れられ、白河宿に出向き、組頭杉浦藤八郎の到着を待った。

やがて白河に到着した杉浦に対し、三郎右衛門は、蘆野宿で書きつけた書状をようやく提出した。彼はできれば事件を握り潰したいと思っていたのである。

さて、その夜、杉浦の命令で三十郎は切腹した。

なぜ、杉浦は三十郎に切腹を命じたのであろうか。それは何よりも、自らの責任逃れのためだったと思われる。

杉浦が白河に着いた時には、相手の平林が去っていたのですでに米沢藩との紛争になる心配はなく、単に三十郎の「面目」を問題にすればよかった。それならば、なまじ三十郎を生かしておくより、切腹を命じたほうが上司としての自分の面子が立つと考えたのであろう。自らの責任を逃れるために部下をあっさりと犠牲にしたのである。

江戸藩邸に起こった批判

事件を聞いた江戸藩邸では、三十郎への同情のためか、奇妙な批判が囁《ささや》かれることになった。三十郎のすぐ後に蘆野宿に到着した永坂三郎右衛門ら四人の行為に対して、次のように言うのである。

蘆野において、初め三十郎に逢わざる段、身分に不似合いの致し方の由。

三十郎に直接会ってその善悪を確かめようとしなかったことが、武士にふさわしくない行動とされ、問題になったのである。

すでに述べたように、三郎右衛門が三十郎に会わなかったのは、会えば三十郎に意見して腹を切らせることになるかもしれず、そしてその場合は米沢藩にも相応の犠牲、すなわち家老平林内蔵助の切腹を要求せざるを得なくなるという事情があったからである。そうなると、事件は山形藩と米沢藩との大きな紛争になってしまう。

しかし、家中から批判の声が上がると、藩当局も問題にせざるを得なくなった。三郎右衛門らは、国元の家老保科民部《みんぶ》に呼ばれ、事情聴取を受けた。

三郎右衛門と他の三人の供述は、少し相違した。三郎右衛門は、米沢藩との紛争に拡大することを懸念して三十郎に会わなかったが、他の三人は、三十郎に会って、面目を失っているようなら、三十郎に切腹させたうえで平林の責任を問うつもりだったからである。

藩当局は迷った。

事を荒立てまいとした三郎右衛門の対応は、本人が、「今度の始末は、私の一存で行ったことで、処罪されるにせよ、御褒美《ごほうび》をいただくにせよ、他の者には関係ありません」と言っているように、褒められる可能性すらある理性的な対応だったからである。

しかし三郎右衛門が三十郎に会いもせず無事に済ませたことを是とすれば、以後、傍輩が道中で何かあった時にも、今回のように構わないようになるかもしれない。これでは、氏家氏も指摘するように、臆病な家中だとの評判が立つ可能性がある。

一方、傍輩の悪事を見届けなかったことを不届きとすれば、些細なことを重大事件に発展させてしまう可能性も高い。そのうえ、ここで即座に三郎右衛門らを処分すれば、世間の噂となり、山形藩内部の処分だけでは済まなくなるかもしれない。そうなると、米沢藩側にも何らかの対応を要請せざるを得ない。

それを避けるためには、どちらか一方を罰するとしても、ほとぼりが冷めてからのほうがよい。こういう点では、家老たちの考えも、実は三郎右衛門と同じだったのである。

家老たちは、双方の供述書に齟齬《そご》があるので、それを咎めてどちらかを改易にすればよいと考えた。しかし、その上申を受けた藩主保科正之は、きちんと事実を調査して、重ねて言上するように命じた。

徒《あだ》となった理性的判断

三郎右衛門を除く三人は、最初に言上した供述を翻《ひるがえ》し、自分たちの主張を中心にして別の供述書を提出しようとした。

立場が危うくなった三郎右衛門は、他の三人に、自分の書いた供述書を認めてくれるよう頼んだ。

この書き立ては、然るべき地位の人たちの意見を聞いて書いたものなので、どうかこの通りにしてくれ。これまでは四人が同じ供述をしていたのに、ここで供述が変わるとしたら、殿様の思し召しがどうなるかわからない。なんとか切腹になるところを改易に、改易になるところをこのまま無事でいられるように分別してほしい。

些細な行き違いが、切腹という重大な結果をもたらしかねないことを、三郎右衛門がよく認識していたことがわかる。喧嘩の後始末における不手際は、切腹や改易につながる重大な落ち度だったのである。

しかし、他の三人は冷ややかだった。

蘆野で三十郎にその夜会わなかったために、このような御穿鑿にあっているので、言い訳がましいことは無用である。とにかく蘆野での様子を有り体に申しあげ、とにかく殿様の仰せ付けられ次第と存じているので、どなたの御考えであってもその書き立ては合点がいかない。

三郎右衛門は、書き立てに助言してくれた者の名前まで出して重ねて懇願したが、三人は聞く耳を持たなかった。

こうして、三郎右衛門と他の三人で異なった供述書が提出された。どちらの供述が正しいかの判断は留保されたが、史料に拠れば、「三十郎縄に懸かり候」と書いていたのを、三郎右衛門が「縄を懸けられ申すべく」と書き直したことが問題になったようである。

確かに、縄を掛けられたのと掛けられそうになったのとでは大違いである。ただし、これなら三郎右衛門のほうが事実を正しく述べていることになるが、問屋以外には見ていないことだから決め手はない。

これらの書類を見た保科正之の判断は過酷なものであった。三郎右衛門は切腹、大貫四郎右衛門が追放、他の二人は改易を命じられたのである。

藩のためを思った三郎右衛門であるが、そのことが逆に自分の命を縮めることになった。武士にとって「身分に不似合いの致し方」、すなわち武士道不心得という批判は、致命的なものだったことがわかる。武士にとって、理性的な判断は、ときとして我が身の破滅につながったのである。

第二節　エリート藩士の大誤算

横目が金貸しの真似事

次に、現在でも犯罪になる事件を見てみよう。事の発端はとるに足らないものだったが、不都合なことをもみ消そうと、ついに殺人まで犯してしまうエリート藩士の事件である。

会津藩で西郷《さいごう》と言えば、最後の家老・西郷頼母《たのも》の名前を思い出す。西郷家は、代々、会津藩の家老の家柄である。この事件の主人公西郷七兵衛は、藩士の監察にあたる要職である横目を務めていたことから見て、その一族に連なる者だったと思われる。

七兵衛は、かねてから裕福だった。いつの時代も、金持ちはあり余る金をさらに増やそうという習性があるもので、七兵衛も利殖のため手持ちの金子《きんす》を娘の乳母のものとして人に貸していた。

さて、寛文元年（一六六一）の暮れ、七兵衛は郡奉行佐藤武兵衛の預り同心小頭橋本助右衛門に、同心六人の連判で金子三両を貸した。

横目と言えば藩士の素行を監察する役目である。その横目が金貸しの真似事をしていたのだから、著しく不適切な行動だと言えよう。もちろん、自分で貸すわけにはいかないから、娘の乳母を表に立て、その金を貸したことにしていた。

金を借りた助右衛門の上司は郡奉行である。郡奉行とは、藩の直轄地を支配する役人であり、町奉行に次ぐ要職である。ただし、会津藩のように大きな藩は、地域ごとに何人かの郡奉行が置かれていた。

郡奉行には中級家臣が任じられ、藩から部下として下級家臣である同心が預けられた。それが預り同心であり、その中から小頭が選ばれる。

同心小頭の助右衛門は、切米取りの下級家臣である。手元不如意《ふにょい》で、三両の金の返済に窮し、利子だけを支払っていた。

寛文五年に至っても元利の返済ができず、たびたび督促されていた。そしてこの年の十二月、助右衛門はようやく一分二朱（一両＝四分＝十六朱）の金を作り、貸し主の乳母に返済の遅延を詫びた。

しかし、西郷七兵衛から申し含められていた乳母は、強硬に元利金の返済を要求し、助右衛門が持参した一分二朱を受け取ろうとしなかった。

その後、さらに厳しく催促すると、助右衛門は十二月二十九日になってわずか一分の金子を持参した。たびたび督促の使いに行った七兵衛の若党《わかとう》（下級の家来）弥五七は、七兵衛屋敷の長屋に会いに来た助右衛門を罵倒している。

「最初の一分二朱でも得心に及ばなかったのに、一分しか持参しないのでは、一向に承知できない！」

双方が大声で言い争っているのを聞いた七兵衛は、乳母に言い聞かせた。

「その方が長屋へ行って催促し、それでも返済しなければ、元利共に来春返済するという証文に改めさせ、それも承知しなければ金子を諦め、頭の武兵衛へこれまでの不埒な行動を告げると申せ」

金が返せず自殺未遂

乳母が助右衛門に証文の書き換えを要求したところ、助右衛門は同心たちの連判までもう一度書き換えることに難色を示した。

そこで乳母が、七兵衛から命じられた通り、「武兵衛方まで告げる」と言うと、助右衛門は万事休すと観念したのか、いきなり肌を脱ぎ、脇差を腹に突き立てた。

傍らにいた七兵衛の奉公人庄吉は、あわてて後ろから組み留め、手傷を負いながらも大声を上げた。

「助右衛門が自害しました！」

弥五七を始めとする奉公人（史料上では「召仕」）たちが集まってきて、助右衛門から脇差をもぎとり、その他、長屋にあった大小などを取り集めて台所に持って行き、助右衛門の疵を改めた。すると、股の辺に疵があった。

これを報告すると、七兵衛は、「自害させてよい者ではない」と言い、家来の与五郎と茂左衛門を番につけた。

ところが、大小を集めた時、あろうことか与五郎が脇差を取り落としていたので、助右衛門はその脇差を拾い、行燈に斬り付け、明かりを消した。

またぞろ自害かと恐れをなした家来たちは、台所へ逃げ出し、事情を報告した。

やがて弥五七が長屋へ戻り、戸を開けて中に入った時には、まだ助右衛門は自害せずに隠れていた。

切腹に見せかけて殺害

「所詮《しょせん》、生かし置き候ては跡々六ケ敷《むつかしく》これあるべし（あとあと面倒なことになります）」

弥五七は、七兵衛を説得した。確かに、このままにしておくと、上司の武兵衛から問い合わせが来るだろうし、また助右衛門がこちらに斬り出してくるかもしれないということで、七兵衛も「殺し候方然るべし（殺したほうがよい）」と決意した。

そこで弥五七は、長屋の外から突けるよう助右衛門が持っていた菖蒲作りの脇差を杉の棒の先に結び付け、明かりを灯し、主従二人で長屋に行った。そして助右衛門に古雪駄《せった》を投げつけたところ、もともと片目だった助右衛門の良い目のほうに当たったので、助右衛門は「怨《うら》めしき声」を上げ、罵《ののし》った。

「弥五七、よくもやったな。覚えていろ！」

そこへ二人がかりで、棒に結びつけた脇差を何度も助右衛門に突き差し、殺害した。そして、自害に見せるため、助右衛門の右手に与五郎の脇差を握らせ、左手で切っ先のほうを押さえるような恰好にさせたうえで前に押し倒した。助右衛門の脇差は、窓の外に捨てておいた。

藩士の変死は、藩の横目が検死することになっている。七兵衛は、同役の横目車次郎兵衛を自宅に招き、次のように説明した。

「佐藤武兵衛の同心小頭橋本助右衛門が、私の長屋へ来て、借金のことで自害すると申したので、脇差を取り上げ、中間《ちゅうげん》を二人番につけておいたところ、草履《ぞうり》取り（与五郎）の脇差を奪って振り回したので、長屋の中に閉じこめた。此方《こちら》で召し捕らえてもよいのだが、武兵衛が心許《こころもと》なく思うだろうから、人を遣わして召し捕らえてもらい、武兵衛には此段の断りを入れてほしい」

車はすぐにこのことを武兵衛に知らせた。武兵衛は、同役の井口弥五兵衛と笹沼与右衛門に知らせ、井口と笹沼が七兵衛宅に急いだ。武兵衛も最初は同行するつもりだったが、直接の関係者が行くのは後々問題になる可能性もあることから、井口宅へ残った。

おかしな死体

七兵衛は、車のほか、同役の樋口勘三郎も呼んでいた。この車・樋口の横目と、井口・笹沼の郡奉行四人で長屋のなかに入り、助右衛門の死骸を改めたところ、不審な点がいくつも見つかった。

助右衛門には手疵が十七カ所あったが、いずれも突き疵で、着物だけを突いたところもあった。自害する場合は肌脱ぎになって腹を切るものだから、着物・袴の上から突かれている のは不審である。それに、自害した者は、傷口が見えないほど血が出るものなのに、助右衛門の場合はあまり血が出ていない疵が四カ所あった。

また、助右衛門が持っていた脇差は二尺一、二寸（六三・六三〜六六・六六センチメートル）ほどもあり、このように長い脇差で自害する時には逆手に持つものだが、そうしていない。死後硬直のため、自害した者から脇差を取るのは容易ではないはずなのに、すぐに手から離れたのも不審である。

このため、四人は証拠品として助右衛門が持っていた与五郎の脇差を押収し、七兵衛の奉公人からは口書《くちがき》（供述書）を取って、藩当局に報告した。

七兵衛のほうからも、「助右衛門が自害したのは、彼が同役の連判を偽造し、その謀判《ぼうはん》の罪が露見するのを恐れたためではないか」という申し立てが行われたが、これは助右衛門が証文の書き換えを要求されて自害を企てたことからの想像であった。とにかく七兵衛は、なんとか同役が、助右衛門の自害ということで事を収めてくれることを願っていたはずである。

形式だけの取り調べ

しかし、いくら七兵衛が同役だと言っても、他の横目たちが彼を守るとは限らない。検死にあたるのは横目の任務であって、変に庇えばその者自身が罪に問われる可能性もあるからである。藩士の変死事件だから、国元の家老（「加判之者」）による穿鑿があり、召し放ちや切腹などの重大な処罰には、藩主の裁断が必要であった。

家老たちはまず、武兵衛に助右衛門の借金についての事情を尋ねた。すると武兵衛は、最初の借金は確かに助右衛門の同役六人の納得のうえで連判がなされたことを供述した。

また、現場を見た助右衛門同役の同心たちは、

「死骸の状態が不審で、七兵衛殿の奉公人に疵を負った者もあるようだから、七兵衛殿は存じられないことかもしれないが御糺しして下さい」

と申し立てた。同役が無念の死を遂げたことが割り切れなかったのであろう。

そこで、弥五七が公事《くじ》奉行の尋問を受けることになった。七兵衛は、弥五七とともに家来や奉公人に事情を言い含めていた。弥五七は、

「たとえすり首になったとしても、公事場では絶対に本当のことはしゃべりません」

と七兵衛に誓った。「すり首」とは、罪人などの首を切れ味の悪い刀でこするように切る

ことを言う。

次の言葉は、これを聞いた七兵衛のものである。

其方《そのほう》分別不定ニ而《て》は、我等身体《しんたい》破滅に候。左様に存じ定め候上は、安堵致し候。

——お前がしっかりしなくては、私の身は破滅だ。そのように決意しているのを聞いて安堵した。

助右衛門が自害を図った時点で車次郎兵衛に知らせておけば、これほどの大事には至らなかったであろう。助右衛門の自殺未遂だけなら、もみ消せたはずである。しかし、それを隠すため二人して助右衛門を突き殺し、藩当局に虚偽の申し立てをした今となっては、事実が露見したら身の破滅である。七兵衛としては気が気ではなかった。

弥五七を始めとして、七兵衛の家来や奉公人は、申し合わせた「事実」の他は全くしゃべらなかった。

藩当局は、寛文六年正月二十三日、彼らの供述を帳面に記し、江戸に報告した。事なかれ主義の家老たちは、それでもよかったのである。

しかし、江戸からは、

「更に穿鑿せよ、七兵衛はまず閉門とし、罪が七兵衛に及ぶ場合は、物頭坂惣五郎か同吉川九兵衛に預け置くように」

との指示が来た。藩主が事件を不審に感じたのである。

七兵衛の運命は風前の灯となった。

本格的な穿鑿が始まる

二月二十八日、公事奉行梁瀬三左衛門ほか一名、それに横目の樋口勘三郎が加わり、本格的な穿鑿が始まった。

七兵衛は横目を務める武士だから、とりあえずは閉門を命じられただけで、手荒な穿鑿はされない。これは身分のある武士の特権である。

しかし、彼の奉公人たちは、いずれも牢に入れられ、「臑水木馬《とうすい》」などの拷問を受けた。

「臑水」は、足の臑《すね》ほどの水に身体を沈める拷問であろう。木馬は、角材の上部を三角にした木馬に乗せる拷問である。弥五七たちはこの過酷な責めに音を上げ、すべてを白状してしまう。

その結果、助右衛門殺害の嫌疑を受けた七兵衛は、藩主の命令通り物頭吉川九兵衛にお預けとなった。しかし、会所《かいしょ》に呼び出され、家老からの尋問を受けた七兵衛は言い張った。

「奉公人たちは、拷問に耐えかねて、偽りの供述をしたのでしょう」

そこで公事奉行は、横目の樋口に、奉公人の自白のうち七兵衛に関わる十七カ条を書付にして渡させた。それに対し七兵衛は、「申訳《もうしわけ》返答書」一通と「助右衛門ニ貸し候金子之儀、最前の申し口とは相違之由書付」一通を認め、提出した。それぞれの条項すべてに反論したのである。

さらに七兵衛は、弥五七・茂左衛門・庄吉らをさらに穿鑿のうえ、自分と対決させてほしいと主張した。「対決」とは、奉行の面前で、互いに自分の言い分を主張し合うことを言う。七兵衛は、あくまで自分が無実であることを言い張り、主人の権威で家来たちを黙らせてしまおうとしたのであろう。

しかし公事奉行らは、その書付は奉公人たちの白状の内容を突き合わせたうえで事実と認定したことなので、対決を命ずるわけにはいかないと却下した。

この報告を受けた藩主は、なお詳しい事情を聞きたいから、公事奉行のうち一人と樋口を江戸に上《のぼ》せるよう命じ、さらに家老たちの「存寄書付《ぞんじよりかきつけ》（意見書）」を「印符《いんぷ》」にて（封印して）差し上げるよう命じた。家老たちにそれぞれの判断を書かせ、花押《かおう》にて厳封して提出させたのである。

また藩主は、七兵衛が着ていた白い襦袢《じゆばん》の褄《つま》に銭ほどの大きさの血が二カ所付いており、正月始めに使用人のあきという女がそれを洗濯したという弥五七の自白を確かめるよう命じた。さらに、助右衛門の脇差を杉の木の棒に結わえて殺したというが、その木の棒は確かめたのか、などの疑問を呈した。

当然家老たちもこれらの点には気づいていたが、あきはその時には七兵衛の妻となっていた。家老たちは、侍の妻を会所に召し出して尋問するのは問題であると考える者もいるかもしれない（「諸人存ず所如何《いかに》これあるべく」）し、尋問したところで正直には白状しないだろうと判断したことを藩主に言上した。

藩主は、今回の穿鑿はこれだけが決め手というわけでもないから、とそれを了承した。

七兵衛の襦袢には、確かに少々の染みがあったが、別段怪しいものではなかったと判断された。それについて弥五七は、拷問に苦しんだので偽りを言ったと供述を改めている。また、杉の木の棒に刀傷などはなかった。

このように、次第に、証拠のうえでは七兵衛に有利なほうに傾いてきた。これには、七兵衛を救おうという家老や公事奉行らの温情があったのかもしれない。

たった三両のために切腹

穿鑿の結果を書付にし、さらに家老たちの「存寄書付」を添えて、公事奉行飯田久兵衛と横目樋口勘三郎が江戸に上ることになった。

彼らの江戸行きは、藩主に不幸があったためしばらく延期されたが、五月九日に会津を出立《しゅったつ》、事情を詳しく報告した。そして藩主からは、意外にも、次のような判断が伝えられた。

七兵衛始中終《しちゅうじゅう》不届千万、是非を仰せ聞かさるべき要もこれなく候条、切腹仰せ付けられ候。弥五七儀、助右衛門を殺害致し候ニ紛《まぎ》れこれなく聞こし召され候、首を刎《は》ね捨て、獄門に懸け候ニは及ばず候。其外の者ハ御構《おかま》いこれなし。

——七兵衛の行動は始めから終わりまで不届千万で、どこがどうと言い聞かせる必要もないということで、切腹を命じられた。弥五七は、助右衛門を殺害したのに紛れないとお考えになっている。首を刎ね捨て、獄門に懸けるには及ばない。その他の者は御構いなし。

七兵衛には切腹、弥五七には斬罪が命じられたのである。地位があり、裕福でもありながら、わずか三両の金の返済のことで破滅に追いやられたわけである。

この事件の背後には、横目を務める武士にとってはわずかな瑕瑾《かきん》が命取りになるという事情があったと思われる。七兵衛が助右衛門を殺害しようとしたのは、助右衛門の自害未遂が公になった時、自分の落ち度を問われるかもしれないという危惧があったからだろう。

藩に内密で金貸しの真似事をしていたこと、そしてそれがもとで金を貸した相手が自害を図ったことは、藩内での七兵衛の立場を危うくするものであったのは間違いない。それを防ごうとすれば、自害したことにして助右衛門の口を封じるしかない。しかし、それはあまりにも短絡的で浅はかな考えであった。

それにしても、家老たちの遠慮がちな態度は興味深い。これは、七兵衛が家格の高い武士であったという事情もさることながら、武士道に関わることならともかく、このようなことでエリート藩士を破滅させたくないという思いがあったからであろう。

しかし藩主は、自分の身を守るために人を殺害し、さらに嘘を重ねるような家臣を許すことはできなかった。

藩士の処罰は、藩主の胸先三寸で決まるものである。不届千万だと思えば、確たる証拠もいらず、「是非を仰せ聞かさるべき要も」なかったのである。

ともあれ、些細な落ち度を隠そうとしたあまりに、取り返しのつかない罪を犯してしまったのがこの西郷七兵衛の一件であった。

第三節　町人に便宜を図って割腹

江戸なのに上方払い

会津は蝋《ろう》の産地である。このあたりの山には、蝋の原料である櫨《はぜ》の木が多く自生していた。十八世紀後半、米沢藩の上杉鷹山《うえすぎようざん》が、蝋の専売で藩財政の好転を図ろうとしたことは有名であるが、江戸時代前期においても、蝋の生産は盛んであった。

貞享四年（一六八七）九月二十三日、この蝋の販売に関わる会津藩の勘定頭が、「町人に心を寄せ」たという廉で切腹に処せられるという事件が起こっている。

会津藩勘定頭の高津孫左衛門は、会津蝋の販売について、その蔵元であった江戸町人万代屋長左衛門とのあいだで上方払いの値段を提示した。上方払い、すなわち上方の商人に販売する時は、運送費分として上増しして蝋が渡されていた。そのため、荷一個につき、金三分ぐらいは安値であった。

自分の権限を過信した孫左衛門の驕りであったか、あるいはうっかりミスであったかはよくわからない。時代劇なら、このような便宜を図る見返りに、小判入りの菓子箱が孫左衛門に贈られているはずだが、史料にそのような記述はない。

長左衛門は、蝋問屋の越前屋半十郎という者にこの仕事を請け負わせた。半十郎は、上方払いの値段の約束で証文を取り交わし、蝋荷五百個を受け取る約束で、金子二千両を支払った。

しかし、藩直売の蝋には、「御定《おさだめ》値段」があり、上方払いは特例であって、他の商人へ販売する時にはその公定（藩定）値段を厳密に守る必要があった。困った孫左衛門は、上方払いの値段にするため画策することになる。しかし、そのことが「自分の非義を隠し、表向きの様子取り繕い候ため」と受け取られ、彼の墓穴を掘ることになった。

訴えられて絶体絶命

孫左衛門は、後で上方払いの値段にするからと、いったんは公定値段で買い取るよう長左衛門に要請した。

そして、上方払いの値段にしてもらうように書いた訴状の下書きを二通作成し、この訴状を提出すればすぐにでも上方払いの値段で勘定できると言った。

長左衛門はそれを信じ、その下書きを清書し、孫左衛門に差し出したが、いつまで経っても孫左衛門は値段の差額を渡さない。

金子を支払った半十郎からの督促もあり、長左衛門は、やむを得ず横目に蝋代金二千両の勘定が延引している旨を訴え出た。

会津藩の公事奉行所はこの事件を重く見て、孫左衛門を糺した。

孫左衛門は、訴状の下書きを渡したことを白状しなかったが、言い訳が首尾一貫しなかったため、物頭三井十太夫へ預けられ、さらに穿鑿されることになった。窮した孫左衛門は、ついに下書きを渡したことを白状し、次のような起請文を提出した。

長左衛門へ下書相渡し候段、御為を後にいたし候儀毛頭《もうとう》これ無く、畢竟《ひっきょう》智慮不足、御疑心を得候ても是非に及ばず、誠に天命尽き果て候哉、身を恨み候。
――長左衛門へ下書きを渡したことは、（殿様の）御為を後回しにしたわけでは決してなく、つまるところは自分の思慮不足で、（殿様の）御疑心を受けても仕方がありません。誠に天命が尽き果てたのでしょうか。自分を恨むばかりです。

これは、孫左衛門の本音だと思われる。上方払いでの売却ということを持ちかけた孫左衛門の動機はいまひとつはっきりしないが、「智慮不足」と言っていることから見て、不正を働こうとしたというよりも、役所内での決まりや手続きを知悉《ちしつ》してなかったことから起こったミスのように思われる。

藩主の判断が最終的な判決となる。孫左衛門は公事奉行の厳しい穿鑿に絶望しながらも、この起請文を提出し、藩主の慈悲を願おうとしたのであろう。

町人のために働くは、不忠不義なり

しかし、公事奉行の判断は厳しかった。彼らは、孫左衛門の行為が切腹相当のものであると藩主に上申したのである。

次の言葉は、公事奉行の上申を受けた藩主の思し召しである。

御内所の損益を司《つかさど》り候役人に罷り在り、町人に心を寄せ、公儀を蔑し、御意を偽り、不忠不義の致し方、不届き。

――藩財政の損益を司る役人でありながら、町人のために働き、公のことを軽んじ、自分（藩主）を欺こうとするとは、不忠不義の致し方で、不届きである。

ただ藩や藩主のためだけに働くはずの役人が、町人に便宜を図り、結果的に藩に損害を与えたり、藩主を欺いたりすることは、「不忠不義の致し方」であり、「不届き」な行為であった。そして、そのような「不忠不義」の家臣に対する処罰は、切腹以外にはあり得ない。

孫左衛門は、預け先の三井十太夫宅にて切腹することになった。検使として派遣されたのは横目の清水園右衛門と中村勘左衛門で、警固のために物頭藤沢九郎右衛門・佐川好右衛門が十太夫宅に詰めた。

腹を切る孫左衛門は、「智慮不足」の自分の行動を悔やんだであろうが、やむを得ない。

現在ならあまりに厳しすぎるこの処罰に驚くが、藩主を欺くような行為は、事の軽重を問わず厳罰に処せられることになるのである。

もっとも、事の軽重を問わずとは書いたが、特定の者に便宜を図って会社に損害を与えるのは背任罪にあたる。自分のポケットに入れなくても罪は免れない。自らの権限を越えて安い値段で蝋を売却することは、「公儀を蔑し」と言われても仕方のないことであった。

そして重要なことは、当の孫左衛門自身が、摘発を受けた後は事の重大性を十分に認識していたことである。

孫左衛門は預け先で厳しい穿鑿を受けながら、すでに「天命尽き果て」たことを予感し、絶望している。武士は、この程度のことで切腹になる可能性が十分にあったのであり、孫左衛門も取り調べ中にそれを悟ったのである。こういう社会では、時代劇に描かれるような武士の不正はあったとしても稀だったと考えざるを得ない。

紺屋《こうや》のためを思った親切な行動

元禄十一年（一六九八）、会津藩は倹約令を出した。高価な染物の着用禁止令である。これは、染めた紺屋も注文した者も過料（罰金）を支払うように命じるものであった。

大目付有賀小市郎は、倹約令励行の責任者で、支配下の夜回りの者に紺屋を吟味させていた。ところが、紺・花色・浅黄《あさぎ》などの色を表裏なく染め通す「染貫《そめぬき》」や、下染《したぞめ》の色とは別の色を染め入れ、模様を散らしたり紋を入れたりする「染入《そめいり》」などといった高価なものの他に、地色の浅黄に白や藍の散らし模様がある染物があり、これが倹約令に抵触するかどうかが問題になった。

夜回りの者たちは、町方の紺屋からその染物を三反召し上げ、江戸に送って問い合わせてみた。すると三反とも「地色取《じいろど》り」であることが判明した。

「地色取り」は、下染した下地を藍で染め、散らし模様を残す安価な染物である。そこでこの種の染物は倹約令から除かれることになったが、会津藩ではこの安価な「地色取り」を高価な「染入」と称していた紺屋があったことで問題が起こった。

紺屋の一人、横町の庄次郎という者は、自分の店の染物は倹約令から除かれた「地色取り」なので、染めることを許可してもらいたいという訴状を提出した。

庄次郎は、大目付有賀小市郎の出入りの業者だった。彼は、小市郎を訪問した時、訴状のことを話した。小市郎は、その訴状の下書きを読んで言った。

「その方の家では、その染物を染入と帳面に書いている。それなのに、地色取りだと書いて許可を願ったのでは、家の帳面の提出を命じられた時に食い違いが明白で、不届きとされる恐れがある。少し書き直して提出すれば、吟味の上で許可されるだろう」

　そこで庄次郎は、提出した訴状の文章を「御停止の染入にこれなく」と書き直して再度提出した。つまり、自分の店で「染入」と称しているのは実は「地色取り」で、禁止されている染物ではない、としたのである。

たかが助言が切腹相当の罪

　しかしこのことが、公事奉行津田刑部左衛門らの疑心を生むことになる。庄次郎の訴状の書き直しに小市郎が関与しているのではないかと疑われたのである。前述の勘定頭高津孫左衛門は、商人に便宜を図ろうとしただけで、「町人に心を寄せ」たとして切腹に追い込まれた。町人に内々に助言することは珍しいことではないが、一歩間違えば町人と結託して不正を行う武士だと誤解される可能性があった。

　津田は、大目付の有賀小市郎が庄次郎の「不実の申し分」を取り上げ、書き直しの助言をしたことを、「事を巧《たく》み、職分に似合わざる我意（わがまま）の致し方」であると考えたのである。

　津田は、小市郎を物頭畑善右衛門に預け、三月十五日より本格的な穿鑿に入ったが、小市郎は、「まったく覚えがない」と突っぱねた。

しかし、小市郎はあまりに重箱の隅をつつくような穿鑿にうんざりしたのか、穿鑿場で両手を懐に入れて受け答えをするというような反抗的な態度に出た。

これがさらに津田らの怒りを買い、町人に内通したなど、合わせて十二カ条もの批判が提出されることになる。

十二カ条の批判を総括した津田ら公事奉行の判断は、次のようなものであった。

佞奸謀計《ねいかんぼうけい》不実不敬の致し方、罪、士《さむらい》たる者の所行として不届き至極に候間、切腹仰せ付けられ相当たるべし。

——よこしまで不敬な致し方で、罪は武士たる者の行動として不届き至極であるので、切腹を命じられるのが相当である。

なんと、これだけのことで切腹相当だというのである。このままいけば小市郎も、孫右衛門と同様、切腹に追い込まれたことであろう。しかし、そこに救いの神が現れた。家老西郷頼母である。

至極まっとうな西郷頼母の主張

頼母の意見は、概ね以下の通りである。

小市郎が、かねて出入りしている紺屋の庄次郎に助言したことをもって、公事奉行は紺屋方に内通したという罪に相定めた。上《かみ》へ対し不忠の筋があったり、後ろ暗いことを内談したわけではなく、最初から庄次郎が間違いを犯さないようにと助言したことは問題にすることではない。目付役の者は諸事聞き糺すことが任務で、関係者に内密に尋ね、聞き届けることはままあることだ。ことに今度、倹約の役人に任命し、その改めは支配の者を夜回りさせ、過料を出させる件について吟味したものであって、致し方が悪いと問題をほじくり出し、大罪の者のように断罪するとは、本来民のために命じた倹約は慈悲のためであるのに、かえって大役人を罪に沈めては大害が出来し、他国への聞こえも藩主の御為に如何《いかが》かと思われる。

そして頼母は、このように軽微なことを重大視して家老たちに報告するのであれば、自分も藩主へ存寄（自分の考え）を言上しないわけにはいかない、と公事奉行らを牽制《けんせい》した。

藩当局は、公事奉行の穿鑿に立ち会った目付たちに登城を命じ、意見を聴取した。目付のなかには、公事奉行の意見に賛同する者もいたが、この厳しい処罰は公事奉行が私怨をもって厳しく穿鑿したためであって、当人である小市郎の罪は軽く、かえって公事奉行の罪のほうが重い、と主張する者もいた。

後者の意見に従えば、公事奉行の行為のほうが不届きであって、役儀召し放ちにも相当する。

しかし、そうした場合、公事奉行はますます不快に思い、仲間と申し合わせて何か企《たくら》むかもしれない。また、公事奉行の兄弟や親類には、藩主の側近く召し仕われている者も多く、混乱を持ち込むことになる。

結局、藩当局は、公事奉行らの罪は問わないこととし、最初に明白に申し訳をしなかった小市郎を不調法であるとして、蟄居《ちっきょ》を命じることにした。

公事奉行らの罪を問わないことに関して、西郷頼母は興味深いことを言明している。

一同に軽き御難事分にて御用捨（容赦）なされ候はば、面々誤りの程を顧み、御慈悲の段有り難く存じ奉り、向後を相慎み候て相勤め、穏やかに事済むべく、尤も御仕置《おしおき》に障《さわ》り候御大悪事に候はば、何ほど大勢の人損じ候とも仰せ付けらるべき儀に候得《そうらえ》ども、至って軽き事故《ゆえ》、御用捨遊ばされ然るべし。

――全員を軽く咎めるぐらいで許せば、面々は自分の誤りの程度を省みて、御慈悲の段をありがたく思い、今後は慎んで勤めるようになり、穏やかに事が済むであろう。もっとも、（殿様の）政策に反するような大悪事であれば、どれだけ大勢の藩士を失うことになったとしても命じるべきであるが、たいへん軽い事なので、許されるのがよいと思う。

津田らの行いは、下手をすれば藩の無実の「大役人」を切腹に追い込む可能性のあるものであった。とても「至って軽き事」とは言い難い。

しかし、それは措いておくとして、問題は次の部分である。「御仕置に障り候御大悪事」ならば、「何ほど大勢の人損じ候とも」命じなければならない、という。つまり、藩主の政策に反することであれば、どれだけの藩士が切腹することになったとしても、断固として命じると言っているのである。

もちろん、これはレトリックであって、今回大勢の者に切腹を命じようとしたわけではない。しかし、もしそれが「御仕置に障」ることだと解釈されたとしたら、たいへんな処罰の嵐が吹くことになる。これは、後に問題とする薩摩藩の「近思録《きんしろく》崩れ」などで実際に見られることであった。

なお、小市郎は蟄居で済むはずだったが、尋問の最初と終わりとで供述が変化したことを咎められ、一段上の閉門に処せられることになった。紺屋の庄次郎らは、頼母の主張通り、それぞれ牢を出ることが許された。

この一件は、穿鑿にあたる者の心証や考え方によって、判決が無罪から切腹まで大きく振幅する可能性があったこと、また、公事奉行ら藩の上層部では、後の影響を考慮して処罰すべきものも不問にする場合があったことを示している。武士の厳しい規律とは言いながら、ある意味ではいいかげんなものであったのである。

第四節　政策を失敗させた輩《やから》は切腹

誰もが認める秀才、九八郎

現在では考えられないことだが、政策の誤りから切腹を命じられた藩士もいる。会津藩の特任財務大臣ともいうべき元締役の長井九八郎である。

九八郎は、夏目八左衛門の次男で母は長井伝兵衛の娘である。母方の名字を名乗り、長井を称していた。藩士の次男であるから、世に出るためには学問を修め、それを出世の糸口にする必要があった。

幸い九八郎は学問好きで、秀才との評判をとるようになった。和漢の書籍に通じ、『本朝通紀』という書物を著し、藩主の援助を得て開板（出版）し、天下に名が知られるようになったというから、その実力は並のものではない。

元禄九年（一六九六）七月、九八郎は会津藩の藩校予算のなかから十人扶持を下され、儒者として召し出されることになった。兵学は伊南半庸という者に学び、これも免許を得るという文武両道の武士である。

また、九八郎は藩の財政政策にも一家言《いっかげん》を持っており、当時の藩士の困窮を見て、たびたび意見書を提出するなどのことも行った。

元禄十一年には、このような努力が認められ、「不時金(予備費)貯えの取り計らい」を命じられ、その後、元締役に抜擢《ばってき》されることになった。本来、養子に出なければ部屋住みのままで終わる次男でありながら、自らの才覚だけで藩内の重要な地位に立ったのである。

九八郎、財政政策を立案す

藩主の物入りや連年の不作のため、元禄十三年春には、会津藩の財政は切迫し、藩士や庶民の困窮も深まっていった。

そこで藩主保科正容《まさかた》は、九八郎にその打開策を立案するようにと命じた。

藩主直々の諮問に与かった九八郎は、張り切ってその対策を考え抜き、ついに「札金《ふだがね》遣い之考」を立案して提出する。「札金」とは、両・分・朱などの金高で表示された藩札《はんさつ》のことである。

最初に藩札を発行したのは、寛文元年（一六六一）に銀札を発行した福井藩だと言われている。藩札は藩内での通貨不足を補うために発行されるものであったが、藩財政の窮乏を打開するために濫発されることもあり、インフレの危険性をはらんでいた（作道洋太郎「藩札」）。

家老たちは九八郎の提案を評議し、概ねその案を了承、藩主の裁可を得たうえで九八郎を責任者にして札金の発行を開始することになった。

ところが、実際に十一月十五日から札金の発行を始めてみると、思いの外に混乱が生じた。まず、銭の値段を始めとする諸物価が高騰し、さらに売り惜しみなどが横行して、武士も庶民も難渋した。

そこで、諸物価の引き下げや売り惜しみなどの禁止を法令で制定したが、いっこうに効果が現れない。補助貨幣として銭札《ぜにさつ》を発行したり、米を確保するために酒造停止などを命じたりしたが、これらも効果がない。ついには偽札を作る者も現れ、これは露見して厳科に処せられたが、世間は不穏な空気に包まれた。

最初は九八郎の政策を喜んでいた藩士や町人・農民も、困窮に陥るにつれて、九八郎に憤りを感じるようになっていった。

藩当局はそのままにしておけなくなり、翌年十一月朔日、九八郎の提案を吟味の者に渡して検討させることにし、九八郎には足軽を番人として付け置いた。これは、九八郎の逃亡などを考慮してのことである。

あまりにも厳しい判決

九八郎の提案の吟味にあたったのは、公事奉行から町奉行に昇進していた津田刑部左衛門、元締役武井善右衛門、御勘定改《あらため》役人山木平蔵、熊谷民右衛門であった。

彼らは九八郎を次のように諭し、吟味にあたった。

「元締方ならびに札遣いのことは、其方の仕方が宜しくないと士民が甚《はなは》だ憤っている。これにより、御吟味を仰せ付けられたので、諸事有りのままに申し上げよ。御吟味の上で問題がなければ許されるので、委細申し上げよ」

こうして九八郎は、刑部左衛門らの吟味を受け、十二月四日には、物頭長谷川五郎左衛門に預けられることになった。自宅謹慎ではなく、物頭に預けられるということは、ただでは済まないということである。九八郎も、この時点では覚悟したかもしれない。

吟味の者が提出した九八郎の調査報告書は、家老から藩主に渡された。その内容は明らかではないが、次の藩主の裁可を見れば、その内容が九八郎にとって著しく不利なものであったことが推測される。

九八郎義、最初より上の御為《おんため》にも宜しく、国民甚《はなは》だ潤ひ候様に度々《たびたび》申し成し候処、かえって大いに御不益に相成り、士民共に悉《ことごと》く痛み候仕方、旁《かたがた》以《もっ》て罪蹟軽からざる義、不届き至極に思し召され候。御成敗仰せ付けらるべく候へども、切腹仰せ付けらる。

――九八郎は、最初から（藩札発行は）上の御為にもよく、藩士も領民もたいへん潤うようにたびたび言ってきたのに、かえって大いに御不益になり、藩士・領民ともにたいへん痛む政策であって、その罪は軽くなく、不届き至極に思う。本来は成敗を命ずるべきであるが、（罪一等を減じて）切腹を命ずる。

九八郎は、藩札発行の責任を取らされ、切腹を命じられたのである。しかも、その罪は本来は成敗に値するというのである。ありのままに言って、犯罪性がなければ許されると言いながら、これはあまりに酷な申し渡しではないだろうか。

理不尽であろうとも結果がすべて

この政策にあたって九八郎に不正はない。ただ、発案した藩札発行という政策が、社会に混乱をもたらしたということだけである。しかもその政策は、家老の評議を経て、藩主にも言上されたうえで実施されたものである。それなのに、九八郎だけ切腹ということで済ましてよいものだろうか。

札金政策の最終責任者は家老である。九八郎は政策を提案し、認められて実施にあたったにすぎない。本来、責任を取らなければならないのは家老だったはずである。

しかし、藩当局は、九八郎自身が発案した政策が失敗したのだから、責任は九八郎にあるという立場である。やらせてみて、失敗したら部下に責任を取らせる。今でも、会社によっては、そのような理不尽なやり方が横行しているところもあるかもしれない。

また、政策失敗の責任が切腹というのは、現代的な感覚からは理解できないところである。せいぜい蟄居か、悪くても追放ぐらいが妥当だと思われるが、「かえって大いに御不益」になるという藩主への罪、さらに「士民共に悉く痛」むという現実的な不利益がスケープゴートを必要としたのであろうか。

それにしても、武士はなんの不正がなくとも、結果責任で切腹を命じられることがあったということを強調しておきたい。このケースでは、吟味にあたった町奉行の津田が強硬に厳罰を主張したように思われる。犯罪性がない場合でも、というより犯罪性のない場合は、とりわけ吟味に当たる者の考えや心証などで、被告となった者の運命が大きく左右されたのである。

となす。指定の時に至れば、彼は最上の晴衣を着て腹を割く。

この記述によって、戦国時代末期にはすでに切腹が処罰の一つの様式として確立していたことが知られる。ただし、この記述の後には、もし切腹以外の刑罰を科そうとした時には、彼等は一族や友人とともに居宅に籠もって抵抗すると述べられている。この時期の切腹刑はあくまで一つの選択に過ぎなかったのである。

切腹は、死に方に名誉を与える代わりに抵抗を排除しようとしたもので、そのため多用されることになったのであろう。

〝ハラキリ〟の瞬間
和田萬吉訳『モンタヌス日本誌』より（東京大学史料編纂所蔵）

〝ハラキリ〟を世界に知らしめた『モンタヌス日本誌』

『モンタヌス日本誌』は、オランダの牧師モンタヌスが、キリスト教宣教師やオランダ人使節などの膨大な記録をもとに書いたもので、初版は1669年にアムステルダムで刊行された。その後、すぐにドイツ語版、英語版、フランス語版が相次いで出版され、当時のヨーロッパにおいて最も広く読まれた日本紹介書となった。ただし、モンタヌス自身は日本を訪れたことがなく、本書の挿絵はどこの国の風俗かわからない不思議なものである。

切腹については、次のように記されている。

若し自ら処刑することを選べば、彼等は腹部を剖《さ》く。彼等は往々珍しき勇気を以て恐るべき方法により横に腹を開き、内臓の露出する時直に己を斬らしむる為に頭を低《た》れ、仕人の一人をして斬らしむ。彼等は此仕人を以て彼等に対し最上の親切心を有するものとす。

ヨーロッパ人にとって、キリスト教の禁じる自害は罪である。そのうえ、自ら腹を切って自殺する日本人の風習は驚くべきもので、このような死に方が賞賛されることや切腹者が介錯にあたる者に感謝することなどは理解を超えたことだった。しかしモンタヌスは、イエズス会宣教師ガスパル・ヴィレラの書簡（1557年10月13日付）を引用して、切腹のあり方について次のようにほぼ正確に紹介している。

王が此処刑を或人に課する時は、使を彼に遣はして死すべき日を通告す。罰せられたる人は決して逃亡せんと図《はか》り、又は逃避することなし。彼は国王の命令に随ひて自決することを許容せられたしと望み、其請願の許さるる時は、彼は無上の栄誉を被《こうむ》りたり

第四章　御家騒動と切腹

第一節　加賀藩長《ちょう》家の御家騒動

長家の内紛

これまで述べてきた事件は、個別的な藩士の切腹が多かったが、御家騒動が勃発した藩では、大量の切腹者が出ている。

まず、加賀藩の有力家臣、長家における御家騒動を見ていこう。長家は、能登《のと》国鹿島半郡《かしまはんぐん》三万三千石を領する大名並の名家である。

長家の先祖は、鎌倉時代に地頭として能登に来た御家人だった。のち能登国守護の畠山《はたけやま》氏の家臣となり、長連龍《つらたつ》の時代に主家滅亡に遭うが、独力で領地を維持し、織田信長と通じて鹿島半郡を与えられた。

前田利家《としいえ》が信長から能登一国を与えられると、長家は利家の与力大名となり、豊臣時代には家臣となって数々の戦功を上げた。前田家でも別格の有力家臣である。

連龍は、慶長十一年（一六〇六）、家督を長子の好連《よしつら》に譲って剃髪《ていはつ》した。同十六年、好連が没し、その弟連頼《つらより》が家督を継いだ。

当主となった連頼は、金沢屋敷に仕える高田内匠《たくみ》という者を重用し、五百石を与えて家老とした。内匠は、領地田鶴浜《たつるはま》の家老を務めていた浦野孫右衛門を排除することを策し、主君に孫右衛門を讒言《ざんげん》する。そのため孫右衛門は、寛永十一年（一六三四）、改易に処せられることになる。

そこで孫右衛門は江戸に赴き、人の斡旋《あっせん》で伊予松山藩主松平定行《さだゆき》に仕える。孫右衛門の子兵庫《ひょうご》も、はじめは高野山《こうやさん》に身を隠していたが、父と同様に定行に仕えることになった。

さて、長家では、高田内匠が家政を壟断《ろうだん》していたが、寛永十九年（一六四二）九月二日、長家の家臣加藤采女《うねめ》が、連頼に暇《いとま》を願うとともに、内匠の悪行と孫右衛門の忠義の心を告げる。

これに動かされた連頼は、孫右衛門の召し返しを条件に加藤采女の帰参を求めた。

事態が不利なことを悟った内匠は、藩主前田利常の近習《きんじゅう》を通じて策を弄《ろう》そうとしたが、かえって私曲が露見し、利常によって追放に処せられた。

こうして慶安元年（一六四八）、すでに没していた浦野孫右衛門の子兵庫が、長家に帰参することになる。親の死後、兵庫は孫右衛門を称し、かつての家禄六百五十石に五十石を加増され、七百石となった。その子の兵庫にも、二百石が与えられた(『石川県史』)。

一門の繁栄が讒言を呼ぶ

長家に帰参した浦野孫右衛門の勢威は、並ぶ者のないものとなった。『石川県史』に拠れば、それは次のようなものだった。

「孫右衛門は尚先きの内匠の如く、連《しき》りに専恣《せんし》の行を為し、兄弟子女多く権門勢家と婚を通じ、漸《ようや》く驕奢《きようしや》の心を生じて、同僚と不和を醸《かも》すに至りたりき」

これがどこまで真実を伝えているかは疑問の余地があるが、少なくとも主人である連頼の目から見ると、孫右衛門を中心とする浦野一門の権勢は許せないものであった。

そこで連頼は、浦野一門を摘発するため、領地の検地を実施しようとする。この計画の黒幕は、孫右衛門を召還しようとした加藤采女の子(名前は親と同名の加藤采女)だったという。

孫右衛門らは、検地実施中の寛文六年(一六六六)三月二十四日、暇を願い、秘密裡に自らの屋敷に一門親類二十三人を呼び寄せ、生死を共にすることを誓った。

さらに翌七年正月には、領地の農民五、六十人が検地中止を嘆願する連判状を提出している。これは、孫右衛門の教唆によるものとされている。

そこで連頼は、事件の顚末《てんまつ》を藩に報告し、藩当局の処断に任せることを申し出た。その連頼の「口上之覚」が「長家御証箱雑記」に収録されているので、以下この史料に拠って、事件を見ていこう。

まず、連頼が孫右衛門をどう見ていたか、という点であるが、これは孫右衛門が帰参するというので思いのままにしてやったところ、「驕り付き、あきたらぬ事に存じ、弥《いよいよ》一類《いちるい》おおかぶ（大株）に」なったとしている。孫右衛門の親類縁者は、確かに長家における一大勢力となっていたのである。そして、主人の連頼に対して、次のような行動をしていたという。

少しにても孫右衛門気に入り申さざる事は、散々腹を立て、人々の事はさげすみ（下墨）ながら、内縁を以てさまざまてぐろ（手黒）ふいたし、種々てだてを以て我等をだまかしてのあしき事共、際限これ無く候。

——少しでも孫右衛門の気に入らないことがあれば、散々に腹を立て、世間の評判に気遣いながら、親類が結託してあれこれと腹黒いことをし、いろいろと策を弄し、私を騙して悪行を際限なく重ねています。

このように、連頼は、孫右衛門が自分を騙して悪事を重ねていると考えていたのである。これは、当然、加藤采女らの讒言によるものであろう。

君、君たらざれども、臣、臣たり

しかし、連頼の怒りは孫右衛門の勢力が大きくなったことだけではなかった。孫右衛門の一味が屋敷に立て籠り、出仕しなくなったうえに、百姓まで巻き込んで主君である自分の「悪名」を申し立てたことが、さらに連頼の怒りを買ったのである。

連頼自身の言葉を引用しておこう。これは、連頼が事件を藩当局に報告し、裁断を願った際のものである。

各《おのおの》儀は讒言にあひ、九郎左衛門（長連頼）仕置あしく候の故、侍百姓に至る迄たまりかね申し候間、我等共先ず暇をもらい罷り出づべきと、拙子悪名を申し立て候事。

——自分たち（孫右衛門ら）は讒言にあっているうえに、私（長連頼）の政治が悪いから、侍や百姓にいたるまでたまりかねているので、自分たちはまず暇をもらって家を出ますと、私の悪名を申し立てました。

家臣が主君の「悪名」を立てるなど、理由の如何を問わず許せることではなかったのである。

もちろん、孫右衛門らにも言い分はあろう。連頼らから見れば百姓を教唆した悪臣ということであろうが、百姓らは孫右衛門らを支持していたのである。

しかし、連頼は、「忠臣」というのは次のようなものだと主張する。たいへん興味深い考え方なので紹介しよう。

連頼は、屋敷に立て籠もり、鑓《やり》、長刀《なぎなた》、鉄砲などを用意して「逆心の色」を顕《あらわ》すのは、いかに諫言《かんげん》であると言い募っても、そのようには言えないと非難し、次のように孫右衛門を断罪する。

身を捨て命をすて、諫言を申し、主人の悪を隠し、善を進め、亡ぶべき時は脇をそこなはざるやうにいたし、とにかくにも主人の為を能《よ》くいたし候を忠臣とも申すべきかと存じ候。左様の心得とは各別のもの共に御座候。私の宿意《しゆくい》を以て、主人の家をくつがへし申し候は、臆病の至りかと存じ候事。

――身命を捨て、諫言をして、主人の悪を隠し、主人に善行を進め、自分が滅びるとしても周囲の者を巻き込まないようにし、とにもかくにも主人のためをよくするのが忠臣と言うべき者だと存じます。（孫右衛門の行動は）忠義とはまったく別のものでございます。自分の恨みの気持ちから、主人の家を覆そうなどとは、臆病の至りかと存じます。

主君のための行動というのは、自分の身命を捨てるものであり、諫言するにしても主人の悪を隠して行うべきものであった。自分の恨みの気持ちから、主君の家を滅ぼす可能性のある行動をとるなど、「臆病の至り」なのである。

このような考え方は、主君の側のみから出てくるものではない。佐賀藩士山本常朝《やまもとつねとも》の『葉隠《はがくれ》』でも、諫言というものは主君の悪を隠して行うべきだとしている。家臣の行動は、すべて主君の家を続けるためにあるものであるから、主君がその諫言に従わなかったとしても、主君に味方すべきなのである。

こういう考え方は、儒学の「君、君たらずんば、臣、臣たらず」と違い、「君、君たらざれども、臣、臣たり」という日本的なものであった。
この連頼の言は、そういう「日本的忠義」が、主君を思う家臣からではなく、主君自身から発せられているという意味で興味深い。

悲しき忠臣、孫右衛門

長連頼による長文の「口上之覚」を受け、藩当局は、阿部甚右衛門・松崎十右衛門の二人を孫右衛門の屋敷へ遣わし、尋問した。
これらのやりとりは明らかではないが、閏二月二十四日、孫右衛門とその子二人（浦野兵庫、阿岸掃部）が提出した文書には、次のように記されている（『石川県史』）。

九郎左衛門（長連頼）方より、私共不届きの様に申し上げ候事に御座候へば、兎角《とかく》の申し分御座なく候。私共如何様に成共《なりとも》仰せ付けられ、九郎左衛門家相続《あいつづき》申し候様になし下され候はば、有り難く忝《かたじけ》なく存じ奉るべく候。

――長連頼方から、私どもが不届きであるように申し上げられたのでございましたら、私どもの方からなにかと言い訳することはございません。私どもをどのようになりとも処罰され、長家の家が続けられるようにして下されば、ありがたく、またかたじけなく存じ奉ります。

『石川県史』は、この文書を、

「彼等も亦《また》相当の口実を構へて、徹頭徹尾主家の忠良《ちゆうりよう》たる体を装ひたるものの如し」

と解釈している。つまり、浦野一党は、主君の長家を覆そうとした悪党であるが、藩当局に対しては忠臣であるかのごとくに振る舞い、言い訳をしたと理解しているのである。

しかし、筆者にはそうは思えない。

後に長連頼の嫡子元連《もとつら》が剃髪・下屋敷蟄居を命じられたことを見ると、孫右衛門らの行動は、元連の支持によるものであったと考えられる。孫右衛門が、彼なりに主家のために動いていたことは間違いないと思われる。

その行動が、連頼や金沢屋敷の家老加藤采女らにとって見れば、自分たちを蔑《ないがし》ろにしたものだったにすぎない。これは、よくある親子間の対立である。

そのため、主君連頼から加賀藩へ自分らを不届きとする口上書が提出されれば、家臣としてそれに逆らう行動に出ることはありえない。むしろ怖いのは、家内の問題を本藩に持ち出して処断を乞うた連頼の愚行が、長家自身の滅亡につながることである。

もちろん、孫右衛門にも言いたいことはいくらでもあっただろう。弁解することも不可能ではなかった。しかし、孫右衛門は、自分の身に代えても長家の存続を図ろうとしたのだと考えられる。

孫右衛門の一門は根絶やしに

三月二日、藩当局は、孫右衛門を本藩家老本多政長《ほんだまさなが》の屋敷へ呼び出した。すべてを藩当局の処置に委ねることを決意した孫右衛門は、素直に出頭した。

藩当局は、孫右衛門を伴八矢の屋敷へ預けた。孫右衛門の長男浦野兵庫、次男阿岸掃部、三男駒沢金左衛門、四男阿岸友之助や孫右衛門の弟らも、それぞれ本藩の重臣の家へ預けられた。また、一味と目された者たちも、長家の家臣の屋敷へ預けられた。

加賀藩主前田綱紀《つなのり》は、国元からの報告を受け、この件を後見である会津藩主保科正之および幕府老中に告げ、指示を仰いだ。

やがて江戸では、長連頼の嫡子元連に剃髪蟄居が命じられ、家臣である浦野孫右衛門らには切腹を含む処罰が決定された。

そこで加賀藩江戸藩邸では、岡嶋甚八を使者として国元へ派遣した。

金沢に到着した岡嶋は藩主の命令を伝え、八月十九日、処分が執行された。すでに自害していた阿岸友之助を除き、浦野孫左衛門、浦野兵庫、阿岸掃部、駒沢金左衛門、宇留地平八（孫右衛門の婿）には切腹が命じられた。

中村八郎左衛門、仁岸権之助（孫右衛門の従弟・永江善助の婿）、伊久留八丞（中村八郎左衛門の婿）は越中五箇山《ごかやま》へ流罪を命じられた。

関左近（孫右衛門の婿）、土屋八左衛門（孫右衛門の従弟）、田屋六郎左衛門（関左近の妹婿）、永江善助ら、孫右衛門の縁者十四名には追放が命じられた。なお、孫右衛門の婿の一人、是清伝右衛門は自害している。

ほか、粟津十兵衛（阿岸掃部の子）ら少なくとも五人が「扶持放《ふちはなち》」を命じられた。

これだけでも、処罰者は、自害者二名、切腹五名を含む二十九人となる。もちろん自害者も自害の手段は切腹である。さらに過酷だったのは、これらの者たちの子や孫に対する処罰である。

二歳だった駒沢才蔵から十五歳だった阿岸又十郎まで、あわせて十一名に対する殺害が命じられたのである。

「長氏文書」に残された史料に拠れば、彼らは親や祖父の切腹と同日の八月十九日に殺害されている。あまりに衝撃的な措置なので、名前と年齢を掲げておこう。年齢の次に記した人名には「殺害介錯人」との肩書きがある。

阿岸又十郎	十五歳	浅野新平
宇留地七郎	十二歳	天野甚七
浦野右衛門	八歳	師孫右衛門
浦野三十郎	四歳	師孫右衛門
阿岸三十郎	十三歳	萱津藤兵衛
阿岸権十郎	十一歳	酒井平右衛門
阿岸六十郎	九歳	此木宗八
阿岸七十郎	七歳	上野弥八郎
阿岸鍋吉	八歳	上野弥八郎
宇留地又太郎	十歳	小川平六
駒沢才蔵	二歳	小川平六

江戸時代に頻発した御家騒動に伴う処罰でも、これほどのものは少ないだろう。いわば、浦野一門の根絶やしを命じたに等しい。

なぜ、ここまで過酷な処罰が命じられたのであろうか。筆者は、連頼の嫡子元連の蟄居にその原因があるのではないかと思う。

おそらく隠居を目前にした連頼にとっては、元連こそが頼りの跡取りだった。その元連を教唆し、結果的に跡取りの座を奪うことになった浦野一門の行動は憎んでも余りあるものだっただろう。そして藩当局も、元連の廃嫡という重大な処分をする以上、浦野一門に対してもできるだけ過酷な処分を申し渡す必要があると考えたのではないだろうか。

孫右衛門の真意

元連廃嫡の結果、長家の跡継ぎは連頼の嫡孫尚連《ひさつら》（千松、元連の子）となった。

寛文十一年（一六七一）三月、連頼は死去する。同年十月九日、遺領三万三千石は尚連が継いだ。尚連はまだ十歳の少年であった。

この幼少での家督相続に伴い、加賀藩主前田綱紀は、同月二十二日、長家の領地の所替えを命じた。これまで鹿島半郡を一円に領していた鎌倉以来の名族長家の領地は、散在することになったのである。

これは、藩内の藩とも言うべき長家を他の重臣並みに扱おうとした政策に違いない。

実際、綱紀は長家に対し、それまでの経過を説明しながら次のように申し渡している（「長氏文書」）。

此故を以て、今度所替え、御家中並《なみ》の如く仰せ付けられ候。九郎左衛門（長尚連）は勿《もち》論《ろん》、家来共において能《よ》く此旨を存じ候はば、却って悦《よろこ》ぶべき儀に候。

――このような理由で、今後他の家臣と同じように所替えを命じられた。九郎左衛門ばかりでなく、九郎左衛門の家来もこのことを知れば、かえって喜ぶべきことである。

これまで、長家だけが例外であったのである。こうして、加賀本藩の家臣団支配もようやく一元化することになった。

なお、この綱紀の申し渡しで注目すべき文言がある。

寛文七年、故九郎左衛門（長連頼）家来、浦野孫右衛門父子一類縁者大勢申し合わせ、

九郎左衛門領分の百姓かたらひ、非儀を企て徒党を結び候義、常々九郎左衛門仕《し》置《おき》悪《あ》しき故に候。公儀の御例候へば、改易仰せ付けられ候か、知行所替え仰せ付けられ候。それにつき、九郎左衛門儀も、知行所仕置宜《よろ》しからざる故に候間、所替え仰せ付けられ然るべき旨、肥後守様（保科正之）初め、各《おのおの》御談合候へども、何《いづれ》も存じられ、加賀守様（前田綱紀）思し召し、如庵（長連龍）儀、故大納言様（前田利家）以来忠功の筋目故、九郎左衛門儀も律義に相勤め候間、是非とも此度は御用捨（容赦）、前々の如く指し置かるべき旨、強《しい》て仰せ達せられ、その通り仰せ付けられ候。

――寛文七年、長連頼の家来、浦野孫右衛門父子一類縁者が大勢申し合わせて、連頼の領地の百姓を騙し、非儀を企て徒党を結んだことは、常々連頼の政治が悪いからである。公儀の先例では、改易を命じられるか、知行の所替えを命じられる案件である。それについて、連頼も、知行所の政治がよくないために起きた事件だから、所替えを命じられるのがよいと、保科正之様を始めとして老中様らもお話しになったが、皆も存じているように、前田綱紀様のお考えは、連龍は利家様以来忠義を尽くした功績があり、連頼も律儀に勤めてきたので、是非とも今回は許して、これまで通りにしておきたいと、しいて主張され、綱紀様のお考え通りにお命じになったのである。

注目されるのは、家臣や領民の騒動は主君の政治が悪いためで、そのような場合には改易か所替えを命じられるのが公儀の先例であり、事の協議にあたった後見の保科正之らも長家の領地の所替えを主張したという点である。

すでに触れたように、この時の協議の具体的な内容は不明であるが、少なくとも浦野一族の処罰とともに、長家領地の所替えも現実的な可能性があったのである。あるいは、長家の改易も、協議のなかでは出されたかもしれない。

江戸からの使者岡嶋甚八は、このようなことも国元の家老に伝えたであろう。そして、浦野孫右衛門も、こうした状況を知らされたと思われる。そうした場合、長家の譜代の老臣であった孫右衛門のとるべき行動は、なんとしても長家を守ることであっただろう。よもや子や孫の切腹までは思いつかなかったであろうが、自分とその周囲の者の切腹で長家が守られるのであれば、潔く腹を切ろうと考えたのではないか。

そのためにも綱紀は、長家の家中騒動の段階では、長家の領地の所替えを避けようとしたのではないだろうか。つまり浦野一族の切腹は、主家を守るための犠牲であったと考えられるのである。

第二節　薩摩藩の御家騒動

十三名が切腹した「文化朋党崩れ《ぶんかほうとう》」

御家騒動における厳しい処分は、江戸時代後期になっても変わらない。文化五年（一八〇八）、薩摩藩に起こった御家騒動である「文化朋党崩れ」を見ていこう。

薩摩藩主島津斉宣《なりのぶ》の信任を得て藩政を牛耳っていた家老樺山主税《かばやまちから》（久言《ひさこと》）、秩父太郎《ちちぶたろう》（季保《すえやす》）らの一党十三名が切腹、二十五名が遠島、その他寺入り、逼塞《ひっそく》、役免など総勢百十五名もが処分を受けた事件である。

この粛清の黒幕は藩主斉宣の父島津重豪《しげひで》で、翌六年には、藩主斉宣も隠居に追い込まれた。当時「大殿様」と呼ばれていた重豪は、斉宣から家督を奪い、十九歳の孫斉興《なりおき》を跡継ぎとした。西郷隆盛や大久保利通らが仕えた有名な島津斉彬《なりあきら》は、斉興の子である。この事件は、樺山・秩父らの一党が中国・宋代の哲学書である『近思録』を信奉していたことから、「近思録崩れ」とも言う。

勢力を広げる近思録党

時代は遡《さかのぼ》るが、島津斉宣が藩主になったのは、天明《てんめい》七年（一七八七）、十五歳の時である。

しばらくは重豪が「政務介助」という名目で藩政の実権を握っていたが、その一方で薩摩藩は重豪の開放的な政策のもとで財政窮乏に悩み、抜本的な改革が必要とされていた。

そんななか樺山主税は、文化元年（一八〇四）三月十三日、番頭職のまま御用人に登用された。そして大目付を経て、同三年十一月十九日には御勝手方御家老に昇進する。

目付を務めていた秩父太郎は、享和《きょうわ》二年（一八〇二）、同役の清水源左衛門とともに大目付と言い争い、御役御免となって慎みを命じられたが、二年後の文化元年七月十三日、慎みを赦免され、もとの御目付に復職した。これは、藩主斉宣が家臣に直言を求め、近臣中に秩父と清水源左衛門の赦免を求める者がいたためである。

そして文化三年十一月二十八日、秩父は、御用人務めを経て大目付に登用され、同年十二月六日には家老に昇進する。名前も家老にふさわしい「伊賀《いが》」と改めた。

その他、隈元平太・森山三十らが御側役になるなど、樺山・秩父を指導者とする近思録党は、藩政の要路を占めるようになっていった。

文化四年十二月には、近思録党の政敵の造士館《ぞうしかん》教授山本伝蔵正誼《やまもとでんぞうまさよし》を藩政批判の廉で教授職から追放し、その著作の焼き捨てを命じた。

こうして、文化五年の春には、藩政は藩主斉宣を後ろ盾とする近思録党の思いのままとなったのである。

やがて、樺山と秩父は、斉宣の参勤交代に従って参府し、江戸藩邸の改革に乗り出そうとする。具体的には、大殿島津重豪を説得して倹約を励行しようとしたと言われている(原口虎雄『幕末の薩摩』)。

重豪の逆鱗に触れる

文化五年四月二十一日、秩父の嫡子太郎が死去した。まだ十二歳という幼さであった。そのため秩父は国に残ることになり、樺山のみが参府することになった。

参府の途上、樺山が自らが地頭を務める国境の出水郷《いずみ》に滞在していた頃、江戸では重豪が、先手をとって樺山の参府禁止を申し渡していた。

その指示によると、樺山らは、旅中であっても引き返し、鹿児島城下には帰らず自分の領地に赴き謹慎せよとされていた。そして、家内の者でも容易に面談することは許さず、他の藩士と文通することも一切禁止とのことだった。

そこで樺山は、領地の蘭牟田《いむた》に帰って謹慎した。五月になると、四月十九日付けで江戸で決定された「御役差し免《ゆる》され隠居」が申し渡された。

島津重豪肖像画
（鹿児島県歴史資料センター黎明館蔵）

秩父に対しても、「御役差し免され隠居、家格小番」が命じられた。家老職の罷免と隠居が命じられたうえ、家格も元の小番に戻されたのである。

五月九日には、山之口《やまのくち》地蔵堂の石垣に、「主税・伊賀（秩父季保）結党曳類《えいるい》ノ間、厳科ニ処セラレ、荷担ノ輩、軽重ニヨリ罪科仰せ付けられたき」との落書が貼り付けられ、そこにはその党類数十人の氏名が書かれていたという。重豪による近思録党への反撃が始まったのである。

閏六月二十日、江戸の重豪に面会した家老の頴娃《えい》信濃《しなの》が国元へ帰ってきた。

そして翌二十一日、秩父は、親類の者とともに評定所へ召し出され、処分が言い渡された。

処罰は、名前の国名剥奪（「伊賀」の名の使用禁止）と悪石島《あくせきじま》への遠島だった。

評定所への呼び出しが来た時、秩父は覚悟の切腹をしようとし、畳を上げさせ、板敷きの上に毛氈《もうせん》を敷いて脇差の柄《つか》に紙を巻こうとしていた。しかし親類は、「粗忽《そこつ》の働きは宜しくない。まず様子を聞き合わせよ」と彼を止めたという。「粗忽の働き」とは、指示もないのに切腹することを言う。


さて、彼らのどの行動が、処分の理由になったのであろうか。それについては、六月付けの重豪自筆による「仰せ出され」がある。これは重豪が書き、斉宣承知のうえ、家老衆連名の添書《そえがき》があるものである。

領国中風俗之儀ニ付而《て》は、先年以来度々申し渡す趣これ有り候得《え》共、頃日《けいじつ》ニ至り其詮《せん》もこれ無く、城下ニ而向々《むきむき》党を立て、元来同朋輩之事に候処、他与《くみ》之者他所之者之様に相隔て候風儀有りて、年若之筋ニ夜行・辻立等之儀も相止まざる趣相聞得《あいきこえ》、畢竟《ひっきょう》右通り風俗宜しからざる所より全体一和致さず、党を結び候事も成り立ち、仕置之妨げニ相成り、然るべからざる事に候。

――領国中の風俗のことについては、先年以来たびたび申し渡した趣があるのに、最近はその申し渡しの詮もなく、城下にてそれぞれ党を立て、もともと同僚であるにもかかわらず、他の党の者へは他藩の者のように隔てるという風儀があり、年若の者は夜行や辻立ちなどもやまないということが聞こえてくる。つまるところ、そのように風俗がよくないことから、藩士全体が仲良くならず、党を結ぶようなことにもなり、政治の妨げになり、宜しくないことである。

重豪が問題にしたのは、樺山・秩父らが党を結び、仲間以外の家臣たちを排除していたということだった。

はたして彼らが意識的に党を結んでいたかどうかは確証がないが、藩士一般にとってみれば、確かにこのように非難される事実もあった。しかも、近思録党による武芸奨励政策のためか、若い藩士たちに夜行・辻立ちするなどという藩当局としては好ましくない行動が目立っていた。

このように述べた後、重豪は、「国中静謐《せいひつ》之儀」を心掛け、「一統に和熟《わじゆく》」致すことを命じ、それに背く者は厳科に処することを言明している。

さらに重豪は、六月十五日付け書状で、島津長門《ながと》・島津若狭《わかさ》・島津兵庫《ひょうご》・島津因幡《いなば》の一門四名に対して、藩内の騒動が江戸でも評判になったばかりか、幕府へも内々に伝わり、藩の一大事であるのに、一言の沙汰もしないのは心得違いであり、「一門之詮これ無く、頼み少なき事（一門の意味がなく頼もしくない）」と叱責した。

ここにおいて、樺山・秩父らの運命は決まったと言えよう。

遠島という名の切腹

ただし、公式に秩父らに示された刑は、遠島だった。それがなぜ十三人もの藩士の切腹になったのであろうか。前出の山本正誼が書き残した『文化朋党実録』に拠って詳細に見ていこう。

七月六日、国元にいた藩主島津斉宣は、この月の二十一日に発駕《はつが》するため、首途《しゅと》（出立の儀式）を行った。この日の巳刻《みのこく》（午前十時頃）過ぎ、江戸より飛脚が到着した。閏六月十九日に江戸を発したものである。江戸から国元まで、十三日で到着している。

未刻《ひつじのこく》（午後二時頃）過ぎ、秩父の親類である川上甚五左衛門と相良市郎左衛門が御裁許《さいきょ》方より召喚され、御裁許掛有馬藤七郎によって、次のように申し渡された。

> 太郎（秩父季保）事、遠島に処せられ、座囲に入れ置かれると雖《いえど》も、追々聞《きこ》し召さる通りの趣これ有る間、親類心得ヲ以て相働くべし。
>
> ――太郎は、遠島に処せられ、座敷牢に入れ置かれているけれども、追々にお聞きになる趣があるので、親類が自らの心得で相働くように。

大御隠居重豪の公式な指示は遠島であるが、親類の一存で秩父に自害を命じよ、ということであった。藩から切腹の命令はなくとも、このような形で腹を切らせることがあったのである。

そもそも秩父は、藩政を預かる家老として決定的な罪を犯したわけではない。藩主斉宣が信任していたわけであるから、藩内に党を結んだというのも言い掛かりである。そうすると、それをもって切腹というのは罪相当とは言い難い。そこで遠島ということにし、しかし実際には親類に命じて切腹を強要するという手段をとったのである。

川上と相良は、伊地知新太夫《いじちしんだゆう》（喜三次《きさんじ》）、税所新助、その他の親類を集め、相談した。そして、それぞれ心を決め、仰せ渡された内容を秩父に告げ、座敷牢を開けた。次の文章は、座敷牢を開かれた秩父の行動の一部始終である。

押付《おつつけ》座敷へ出、手水《ちょうず》、髪結い、暇乞《いとまご》いの盃等相仕廻《あいしま》い、申《さる》ノ下刻（午後六時過ぎ）比《ごろ》、元の如く囲い内へ入り、伊地知喜三次介錯にて〔実ハ川上甚五左衛門〕切腹ト云々。

――すぐに座敷へ出、手水を使い、髪を結い、暇乞いの盃などを済ませ、日没の前、元のように座敷牢の中に入り、伊地知喜三次介錯にて〔実は川上甚五左衛門が介錯〕切腹したという。

運命を悟った秩父は、抵抗することもなく落ち着いて親類と別れの盃を酌み交わし、再び座敷牢のなかに入り、切腹して果てたのである。このあたりの諦念《ていねん》は、いかにも武士らしいと言うべきであろう。

切腹強要の後始末

相良市郎左衛門たちは、秩父の自害を即座に御裁許方へ届け出た。御裁許方では、この日、酉刻《とりのこく》（日没）まで長詰めしていた。秩父自害の報告を待っていたのであろう。

相良たちが藩の横目へ届けた内容は、「秩父が自身で座敷牢内において舌を噛み切り、苦しんでいたので、やむを得ず座敷牢の封印を切り、親類が介抱したけれども、急所を噛み切っていたので助からないと思い、手を添えて自害させた」というものだった。

これは、御裁許方から内意があった通りの届けの内容だった。切腹の強要は、このような形で糊塗《こと》されるのである。

丑刻《うしのこく》前（翌七日午前一時頃）、横目の能勢権蔵ほか一名が、死体見分のために秩父宅へ派遣されてきた。彼らは、大目付から「疵《きず》改め等委《くわ》しく致すに及ばず」との内示を受けていた。

藩当局は、秩父が自害しようと殺されようと、死んでいればよかったのである。その意を受けた親類は、武士の情けで切腹をさせ、届けは舌を噛み切っての自害と報告したのである。

七日、秩父の死骸には「御構いこれ無き」旨が伝えられた。死骸の埋葬が許されたわけである。そこで秩父の親族は、その夜、亥刻《いのこく》（午後十時頃）に出棺し、南林寺《なんりんじ》山中に葬送した。元来、実相院《じっそういん》が旦那寺だったが、当時は無住だったため、源舜庵という僧が名代《みょうだい》として引導を渡した。

法名は名月院覚心宗厳居士。遺言によって、鹿児島城のほうを向き、この年四月に死んだ息子太郎と顔を合わせて葬られたという。

同月十九日になって、秩父の家屋敷・家来・家財没収が命じられた。これまで給付されてきた切米も召し上げである。ただし、妻子や親類には御構いこれ無しとのことであった。これは、秩父が素直に切腹したからであろう。跡式は、長男太郎が死去していたため、次男に対して家格の通り願い出るようにとの命令があった。切腹すれば、家は存続を許されたのである。

清水源左衛門、謎の切腹

秩父が切腹した六日後の七月十二日、秩父の同役だった清水源左衛門が切腹した。源左衛門は、役儀罷免《ひめん》と謹慎を命じられていたが、その切腹の理由は謎である。

一説には、源左衛門の親類が類の及ぶことを恐れて源左衛門の首を絞めて殺し、その後、腹に脇差を突き立て、自害に見せたという。

また、源左衛門の自害の前日、大目付が源左衛門の姉婿の讃良善助を鹿児島城の台子間《だいすのま》に呼び出し、何事かを伝えたとの噂もある。

善助は、同じく相婿の尾上甚五左衛門と密談し、ほどなく甚五左衛門は内用があると称して仕事を同役に託し、帰宅したという。これを勘案すると、大目付から源左衛門の切腹の内意が伝えられたとも考えられるが、これも噂だけにその真相はやはり謎である。

また甚五左衛門も、九月二十六日の夕刻に切腹して果てている。彼も評定所から呼び出しを受けたが、それに出頭することなく自害したものである。このことから考えると、源左衛門の自害は、あるいは甚五左衛門たちによる殺害事件だったのかもしれない。

他の近思録党も同様の処分

九月十二日、樺山主税を除く近思録党の主要メンバー十名の処分が発表された。

隈元平太は臥蛇島《がじやじま》へ、隈元軍六は悪石島へ、森山休右衛門は宝島《たからじま》へ、勝部軍記は諏訪ノ瀬島《すわのせじま》へ、日置五郎太は沖ノ永良部島《おきのえらぶじま》へ、岡元千右衛門は喜界島《きかいじま》へ、堀甚左衛門・小島甚兵衛は大島（奄美大島）へ、木藤市右衛門・大重五郎左衛門は徳之島へ、いずれも遠島が命じられた。

この日未刻、藩当局はそれぞれの者へ、明日六半時《むつはんどき》（午前七時頃）、親類同伴で評定所へ出頭するようにと命じている。

しかし、秩父の時と同様、別の指示も出されていた。

隈元平太・隈元軍六・森山休右衛門・勝部軍記の親類は、この日のうちに御裁許方へ呼び出され、「今晩中切腹致し、御届け申し出すべし」との旨が伝えられたのである。

これらの者の親類は、この日、酉刻から亥刻までのあいだに彼らを切腹させ、ずっと城で詰めていた御裁許方へ彼らの切腹の報告をした。

御裁許方は、早速、検使の者を遣わして死骸を見分させた。彼らのうち、森山休右衛門はその最期の様子が伝わっている。

休右衛門は切腹の覚悟を決め、家族と最後の酒を酌み交わした。そして、次の漢詩を賦《ふ》した。

慈《じ》母《ぼ》勿悲《かなしむなかれ》　羅阨《やくにかかる》身《み》　古来如此《こらいかくのごとし》　幾忠臣《いずくんぞちゅうしんをや》
吾心《わがこころ》自《じ》若《じやくとして》　如平日《へいじつのごとし》　不怨《てん》天矣《をうらまず》　不尤人《ひともうらまず》

その後、立ち上がった休右衛門は、熨斗目《のしめ》に麻上下《あさかみしも》を着用し、書院中央に座った。そして、自ら刀を引いて腹を刺した。

しかし、しばらくしてもまだ息がある。たまりかねた周囲の者が止《とど》めを刺そうとしたが、休右衛門はそれを許さず、弟の清蔵に命じて後ろから抱えさせたという。そこで休右衛門は絶命した。

ただし、休右衛門の養子森山正右衛門が休右衛門を柱に押しつけ、刀で彼の腹を横に切って殺害し、自害のように見せかけたとも言われている。

真相は謎と言うほかはないが、おそらく切腹を強要された者の家では、涙を誘う別れだけではなく、無理矢理自害に追い込もうとした親類によって凄惨な光景がくり広げられていたことは想像に難くない。

自主的に切腹した者

翌十三日、日置五郎太、岡元千右衛門、堀甚左衛門、小島甚兵衛、大重五郎左衛門の五名の親類より、昨夜これらの者が切腹したとの報告が藩当局に寄せられた。

藩当局は、即座に死体見分の者をそれぞれの屋敷へ遣わした。堀甚左衛門は寄合という高い家格であったため、目付両名が遣わされた。

これらの者は、森山休右衛門ら四名とは違い、必ずしも切腹させよとの命令が出たわけではない。しかし、一党の者が続々と切腹していることは耳にしたであろうし、自分らの行く末がどうなるかもわからず、絶望のあまりにこの挙に出たものと推測される。

この日、鹿児島城の評定所には、御裁許掛樺山休太夫、同見習榎本新九郎、物頭五名、目付一名、そのほか御徒目付、横目らが詰めていた。

先の五名の切腹の報告があり、木藤市右衛門一人が、出頭命令の刻限に親類に連れられて出頭した。

木藤は、

「徳之島へ遠島仰せ付けられ候、便船《びんせん》これある迄の間、揚《あがり》座敷へ遣わし置く」

との申し渡しを受けた。

内々に切腹の命令があった者は別として、藩当局の処分は遠島だったのだから、これは当然のことである。

この日、先に切腹した清水源左衛門の親類に、

「(遠島については)其儀に及ばず、家格を御小姓与《おこしようぐみ》に相下す」

との申し渡しがなされている。

隈元平太、隈元軍六、森山休右衛門、勝部軍記の親類も呼び出され、

「家格、御小姓与に相下され、死体御構いこれ無し」

との申し渡しがなされた。家格は降格されたが、遺骸は引き取って埋葬することが許されたのである。

一方、自主的に切腹して果てた、日置五郎太、岡元千右衛門、堀甚左衛門、小島甚兵衛、大重五郎左衛門の五名の親類へは、

「家格相下すに及ばず、死体御構いこれ無し」

との申し渡しがなされている。

同じ遠島でも、内々に切腹を命じられた者とそうでない者の死後の措置には、やはり違いがあったのである。

残った大物、樺山主税の切腹

九月二十五日、藩の大目付より、樺山主税の親類の樺山権十郎と樺山休太夫に出頭命令があった。

大目付は二人に、「御内分をもって」と断りながら次のように申し渡した。

主税事、私領において座敷取り拵え、入れ置かるといへども、追々聞《きこ》し召さる通りの趣これある間、切腹致させ、御断り申し上ぐべし。

——主税は、私領において座敷牢をこしらえ、入れ置かれているが、（大殿様の）お考えがあ

るので、切腹させ、報告をせよ。

家老だった主税への切腹命令も、内々の事で、表だった処罰ではなかったのである。申し渡しを受けた樺山権十郎らは、即日、藺牟田へ発った。そして同月二十七日、樺山主税が昨夜切腹したとの届けが、親類から用人田畑武右衛門宅へ出された。それに拠れば、主税の切腹は次のようなものであった。

急用事これあるの間、差し越すべき旨申し遣わすに付き、御暇に及ばず罷り越すの処、今さら不調法存じ当り、御断りのため切腹致すの間、脇差遣わすべきの由、申すの条、黙止し難く、其意に応じ候処、やがて自刃致すに付き、恐れを顧みず囲い相開き、同氏惣兵衛を以て介錯を加えしめ、差し控えの儀は別段窺い奉る。

——急用があるのでそちら（藺牟田）へ行くと申し遣わしたので、藩へ御暇願いも出さずに行ったところ、（樺山主税が）「今は、不調法を存じ当たり、責任を取って切腹致しますので、脇差をいただきたい」と申すので、黙止しがたく、頼みに応えたところ、自刃したので、藩の規則への恐れを顧みず座敷牢を開き、樺山惣兵衛が介錯しました。（我々の）進退伺いは、別に提出いたします。

主税は、親類から「急用事」があると聞いた時、すでに切腹を覚悟したのであろう。やって来た親類に脇差を渡してくれるよう頼み、その脇差で腹を切った。

主税を座敷牢に入れたのは、大殿島津重豪の指示である。勝手にそれを開くのは、処罰相当の行為であった。しかし、親類としては主税が苦しむのを見るに忍びず、牢を開き、樺山惣兵衛が介錯したのである。

この届けが、直接評定所ではなく、田畑武右衛門宅に出されたのは、彼らが藩の指示もなく蘭牟田へ行き、座敷牢を開いたからである。

もちろん切腹を指示したのは藩当局であるから、進退伺いを提出した惣兵衛や親類の者に処分が下ることはなかった。

近思録党はことごとく処罰

樺山主税への切腹命令が出た九月二十五日、御勝手方書役《かきやく》四本八右衛門、御家老座書役植木長兵衛、蔵方目付宇宿《うすき》正十郎《せいじゅうろう》、横目伊地知筑右衛門、同高島善之丞、御納戸奉行徳永利

右衛門、御側御用人座書役三宅甚兵衛、御柄巻《つかまき》市来正蔵、造士館書役助《かきやくすけ》園田勘右衛門の九名へ、「御役又は役儀差し免し、逼塞」が命じられた。

伊地知猪兵衛、古川権蔵、野崎源助、伊地知喜三次、伊地知正九郎、児玉次郎兵衛、本田孫九郎の七名には、「逼塞」が命じられた。

二十六日には、松崎善八郎《まつざきぜんぱちろう》、本田助之丞《ほんだすけのじょう》、郡山権助《こおりやまごんすけ》、西覚太夫《にしかくだゆう》、曾木藤太郎《そぎふじたろう》、奈良原助《ならはらすけ》左衛門《ざえもん》、宇宿十次郎《じゅうじろう》、永田佐一郎《ながたさいちろう》、有馬一郎《ありまいちろう》、佐竹次郎右衛門《さたけじろうえもん》ら十名の者の親類が、御用人座より明朝出頭するようにと命じられた。

これには、「尤も粗忽の働き等致さざる様、申し談ずべき」旨も仰せ渡された。藩からの出頭命令に絶望して、簡単に腹を切らないようにと伝えられたわけである。

二十七日、これら十名には、遠島が申し渡された。

この日、評定所へ出頭を命じられていた尾上甚五左衛門は、すでに述べたように、前日夕刻、切腹している。甚五左衛門は、清水源左衛門の姉婿であり、処罰を免れないことを自覚していたのであろう。評定所からは、例のごとく、死体見分の者が派遣された。

また、島津内匠《たくみ》、島津彦太夫《ひこだゆう》、島津右平太《うへいた》、河野安之右衛門《こうのやすのえもん》、黒葛原周右衛門《つづらばらしゅうえもん》、若松平《わかまつへい》八《はち》、吉田喜平次《よしだきへいじ》、児玉祝人《こだまはふり》、八田孝之進《はちだこうのしん》、八木孝次郎《やぎこうじろう》、愛甲半蔵《あいこうはんぞう》、西川源八《にしかわげんぱち》の十二名に、

「御役又は御役儀差し免じ、寺入り」が命じられた。これは身分が高い者への処分である。

史料に残らぬよう証拠隠滅工作

薩摩藩は、藩の財政難のため、各藩士から高一石に付き五升《しょう》の出米を命じていた。この財政難は、将軍家斉《いえなり》夫人茂子《しげこ》への仕送りのほか、重豪の無駄遣いによるところも大きく、その「江戸御続料」の削減が樺山らの改革の眼目でもあった。

重豪は、近思録党に未曾有の大量処分を命じた後、藩士への懐柔策のためか、江戸御続料一万両の削減を仰せ出し、さらに五升出米の二升免除を命じた。

しかし一方で、藩士からは、五年間に限って一匁《もんめ》出銀を命じ、江戸・京・大坂の商人からの借銀の利払いに充てることにしている。

九月二十九日、薩摩藩家老顓娃信濃は、藩士に対して次のような書付を出した。

樺山主税・秩父太郎、勤役中取り扱い致し置き候儀は、何《いず》れも不用に仰せ付けられ、帳面等都《すべ》て焼き捨て仰せ付けられ候間、諸向きにおいても、右両人差図《さしず》等致し置き候儀は、帳面等焼き捨て申し付け候。

――樺山主税と秩父太郎が、勤役中に取り扱った案件は、すべて不用と命じられ、帳面等はすべて焼却を命じられたので、どこの役所においても、右の両人が指図したことについては、帳面等を焼却するように命ずる。

樺山と秩父が政権にあった時の書類は、すべて焼却が命じられたのである。そのような書類があった場合、後の歴史家が調査すれば、少なくとも樺山らの政策にそれほど不都合なことがなかったことが明らかになるであろう。そのため、このような措置がとられたのである。

実際に、現在この事件の性格を調査しようとしても、肝心なところはよくわからない。それは、薩摩藩の史料のうち、藩政史料のほとんどが明治時代に焼却されたからであるが、もしそれらが残っていたとしても、この事件に関してはそれほど関係史料がなかったのではないかと推測される。

薩摩藩研究の根幹をなす伊地知季安《すえやす》・季通《すえみち》父子の編纂した『薩藩旧記雑録』も、この事件についての史料はほとんど収録していない。これは、彼らが秩父季保の子孫であったことが大きいのだろうが、収録しようにも関係史料の多くは焼却されていたのである。

本節で述べた史実は、先述したように、樺山・秩父らの政敵、山本正誼の書き残した『文化朋党実録』に拠っている。

樺山らと対立していた者だけに、その記述は割り引いて考えなければならないが、概ね公平な態度で叙述していると言える。これは、山本が考証主義の歴史家であったことにもよるのであろう。

ともあれ、「近思録崩れ」においては、藩の公式処分は最高で遠島であったのだが、重豪の内々の指示のもとで、少なくとも五名の者に切腹が強要され、結果として十三名もの者が腹を切った。いかに理不尽であっても、主君から死を賜った場合は、拒否することができないものだったのである。

銃剣を捧げて警備しているのが見える。

六番隊長・箕浦猪之吉は、フランス人に向かって「自分が死ぬのはおまえらのためではなく、皇国のためである。日本男子の割腹を見よ」と叫んで十文字に腹を切り、内臓をつかんでフランス人のほうに投げつけた。また、2番目に切腹した八番隊長・西村左兵次の首は、3間（約5.5メートル）ほども飛んでいったという。あまりに凄惨な切腹の光景に恐怖を感じたフランス人は、12番目の橋詰愛平の番が来た時、席を立って退出した。橋詰らは、続いて腹を切ることを強硬に主張したが制止され、9名は生き長らえることになった。

この事件は森鷗外の小説『堺事件』の題材となり、日本では有名なものとなったが、ヨーロッパにおいても、切腹という日本人の自害の風習を一般に知らしめることとなった。

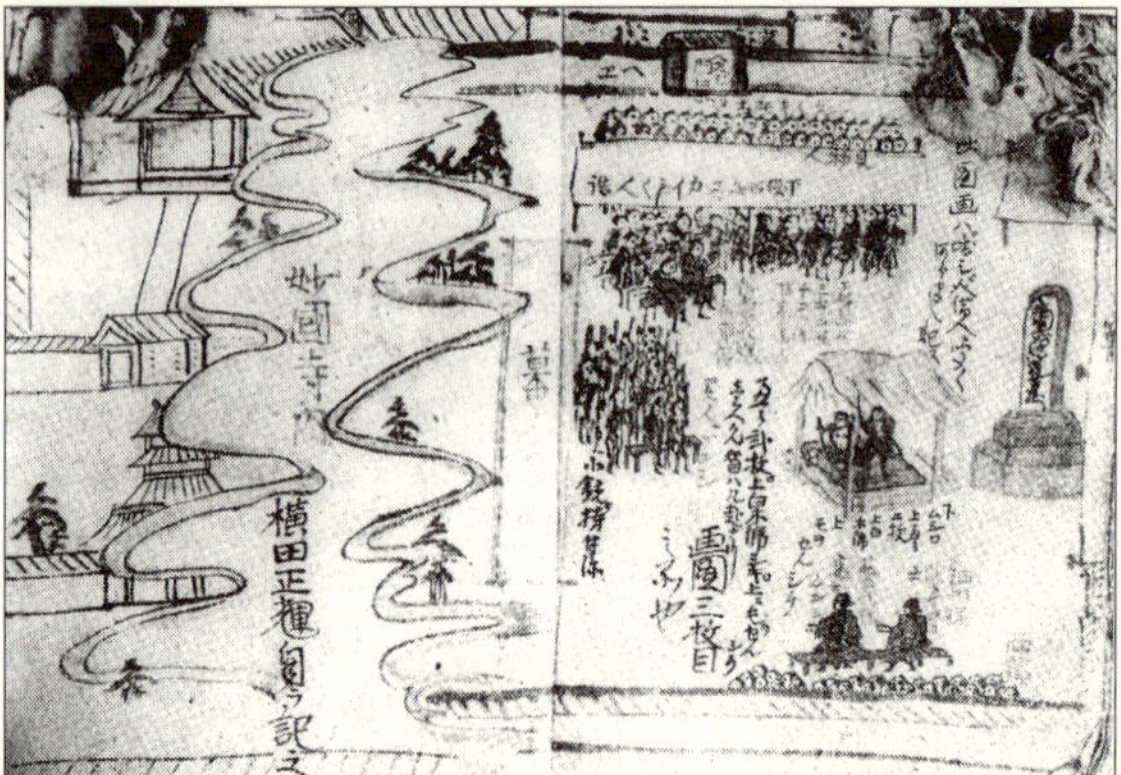

土佐藩士切腹の様子
佐々木甲象『泉州堺土藩士列挙実紀』より（東京大学史料編纂所蔵）

西欧人よ、日本男子の割腹を見よ！

慶応４年（1868＝明治元年）正月、旧幕府軍は鳥羽伏見の戦いに敗北し、徳川慶喜は軍艦開陽丸で江戸に逃げ帰った。そこで朝廷は、薩摩藩に大坂、長州藩に兵庫、土佐藩に堺の取り締まりを命じる。

命を受けた土佐藩は、六番歩兵隊と八番歩兵隊を堺に派遣し警備をさせたが、やがて天保山沖に停泊していたフランス軍艦から水兵が上陸し、市中を横行するという事件が起こった。町民は恐怖し、老幼婦女は泣き叫んで東西に逃げ惑い、商家は戸を閉ざしたという。一説には、社寺に立ち入って宝器を持ち出し、人家に押し入って物品を略奪したとも言われるが、堺は開港地ではなかったため外国人に慣れておらず、騒ぎになったものと思われる。

土佐藩の歩兵隊隊長は、船に帰るようフランス水兵に命じたが、言葉が通じないので埒があかない。仕方なく捕縛しようとしたところ、フランス水兵は、土佐藩兵の隊旗を奪って逃げようとした。土佐藩の兵士は激昂して追いかけ、旗持ちの鳶頭の梅吉という者がフランス水兵の頭に鳶口を打ち込み、端舟で本艦に逃げた水兵にも発砲し、結局13名もの死者が出た。

これを聞いたフランス公使レオン・ロッシュは、新政府に対し、兵士を指揮していた士官２名ならびにフランス人を殺害した兵士、計20名の斬首、賠償金の支払い、土佐藩主の謝罪などを要求した。いまだ旧幕府は健在で、政権の基盤の固まっていない新政府は、この要求を呑まざるを得ず、土佐藩に対して20名の処刑を命じた。

土佐藩では、歩兵隊の隊長２名のほか、隊士からくじ引きで18名を選抜し、切腹させることにした。20名の者は、理は警備にあたった者にあると主張したが、国のためになるならと腹を切ることには同意した。

そして２月23日、20名の者は堺妙国寺で内外の検使が見守るなか切腹することになった。挿絵には、切腹者の前でフランスの兵隊が

第五章　藩主と家臣——切腹に潜む臣の道

第一節　武士の命は主君のもの

藩主の切腹命令を拒んだサムライ

切腹をめぐる観念で重要なことは、家臣の命は主君のものであり、主君から死ねと言われれば死なざるを得ないという武士の認識である。御家騒動における切腹者の振る舞いを見れば明らかであるが、いくつかの事例を紹介しながら、もう少し考えてみよう。

まず、加賀藩初期の事例である。稲葉左近という武士は、二千石ほどの知行を取る前田利常の出頭人《しゆっとうにん》だった。出頭人というのは、藩主の側近くに仕え、藩主の信任を得て大きな権勢を振るった者を言う。

前田利常の逸話を収録した「微妙公御夜話」に拠れば、左近は領国の代官を命じられ、主に能登国を支配していた。近世初期の代官の常として、「時々御意を得ず心儘《こころまま》に諸事指図」していたという。任された領地の政治や年貢の収納など、自己の判断で行っていたのである。

利常も、代官の業務は左近にすべて任せ、諸勘定（会計報告）を聞くこともなかった。ところが、もし左近に勘定を御尋ねになったならば言い訳は立ちがたいであろう、などという噂が囁かれるようになった。

そして、実際に私曲のあることが報告されたのか、利常が左近に勘定のことを尋ねた。すると左近は、「勘定は成り難」い旨を上申した。利常はこの返事をもって不正の証拠とし、寛永十七年（一六四〇）、左近に切腹を命じたのである。

しかし左近はそれを拒否し、

「後ろ暗いことはないので、切腹は致しません。もし討手を下されるのであれば、一勝負し、討ち果たしましょう」

と言って、弟の宇右衛門とともに屋敷に立て籠もった。

若殿様のためならば

左近が屋敷へ籠もった時、利常は参勤して江戸におり、国元には家督を継いで新藩主となった嫡子光高がいた。光高は左近に使者を遣わし、次のように伝えている。

微妙院様（前田利常）の御意に背き候段、何とも気の毒に思し召し候、陽広院様（前田光高）御頼み遊ばされ候間、切腹仕り候様に。

――利常様の御言葉に背くことになったことは、なんとも気の毒に思う。私の頼みだと思って切腹するように。

利常の御意に叶わなかったことは気の毒に思うが、御意に叶わなかったこと自体が切腹の理由になる、という論理である。

これについては、後に成立した「三壺記」により詳しく書かれている。史料の信頼度は落ちるが、江戸時代中期の武士の発想法が窺われるので、引用しておこう。

其方罪科の事は我知らず。先年利光《としみつ》公（前田利常）へ対し奉り楯をつき申すに付き、今に何とも仰せ出されず、其分に成し置かれ追っつけ隠居なさる。我すでに家督として金沢江入城せしむ。中納言殿（前田利常）の御いきどほりを謝せずんば、不孝の罪をかふむる。科《とが》の軽重を御尋ね申し上るは遠慮あり。兎角《とかく》其方命を我に得さすべし。不便にはおもへども、早々切腹仕り候へ。

――私は、その方の罪科の事は知らない。先年、利常公へ対して楯突いたが、利常公は今になんとも仰せ出されず、そのままにしておいて、追っつけ隠居なさる。私はすでに家督として金沢へ入城した。利常公の憤りを収めないとしたら、不孝の罪を被ることになる。罪の軽重を利常公に御尋ね申し上げるのには遠慮がある。とにかくその方の命を私にくれ。不憫には思うが、早く切腹しなさい。

光高は、左近の罪の軽重を判断することなく、利常の怒りを鎮めるためだけに切腹を命じたのである。理由は、左近が父利常に「楯をつ」いたということだけだった。

それならば切腹という処分はあまりに厳しすぎると言うべきなのであるが、光高は不憫であるとしながらも、「其方命を我に得さすべし」と命ずるのである。

この突然の賜死命令に対し、左近は次のように言上する。次の史料は、「微妙公御夜話」に載せられたものである。

御若き殿様の御意に候へば、聊《いささ》か違背《いはい》仕るべき様ござなく候。成る程切腹仕るべし。

――御若い殿様のお言葉でありますので、少しも背くつもりはございません。それならば切腹仕りましょう。

潤色の目立つ「三壺記」では、例のごとくもう少し詳しい。

誠に以て有り難き御意にて候物哉《かな》。父命を重じ、御孝行の道に叶《かな》はせられんには、我等命召し上げられるこそ忝《かたじけ》なく、本望の至にて候へ。

――誠にありがたいお言葉であることよ。父の命令を重んじ、御孝行の道に叶うのであれば、私の命を召し上げることは忝けなく、本望の至りというものである。

さて、左近は行水をし、切腹の命を伝えた使者に「何も御苦労の段」をねぎらい、一礼して潔く切腹したという。

藩主という存在の重み

左近の不正がはたして事実であったのかどうか、ということはここでは問題とされていない。左近に切腹を命じた光高も、そういうことは問題にしていない。光高にとっては、左近が利常の御意に叶わなかったこと、すなわち父の機嫌を損じたことが、すでに腹を切らせる理由になっていたのである。

そして左近も、それなりに気心が通じていると考えていた利常には反抗の姿勢を見せるが、新藩主となった光高の命令には素直に従っている。主従のあいだに特別な関係がなければ、藩主の意向そのものが法になるのである。

もちろん、まだ戦国の余韻が残る寛永期のことであるから、光高もただ使者を遣わして切腹を命じただけで事が終わるとは考えていない。その日、光高は鷹野に行くと称し、金沢城に小小将《こごしょう》（児小姓）全員と番頭や諸侍を招集して左近の抵抗に備えていた。もし左近が使者を斬ったりすれば、即座に兵を出したであろう。

しかし、藩士にとって、藩主の意向は何者にも代え難い重みを持っていた。光高が自分を取りなすことなく、父利常の御意を孝行ということで通そうとした時、左近の抵抗の気持ちは失せたのだった。

そして、江戸時代の藩士たちは、このような物語をなんの疑問もなく受け入れたのである。藩主の御意は、それほどまでに重いものであった。

切腹はおもしろいはずがない

左近の最期については、「懐恵夜話」に次のように記されている。

左近切腹は春の事にて、庭に桜盛んに咲き居り候。生害《しょうがい》の座に出候とて花を見やり、盛んの花に候へども、唯今切腹仕り候と存じ見申し候へば、毎《つね》の如く面白からずと挨拶申し候。

――左近の切腹は春の事で、庭に桜が満開だった。切腹の座に出ようとして花を見やり、「花が盛りだが、これから切腹すると思って見れば、いつものようには興趣がわかない」と周囲の者に言った。

このエピソードに対しては、「死を眼前にして花をおもしろいというのは、まったくありえないことだ。いかなる強兵勇士も、死がおもしろいわけがない。左近の言葉はふだん通りで、かえって評価できる」と、後に賞賛されている。

江戸時代の武士であっても人間である。強がりならともかく、自ら望んだわけではなく腹を切るのは、おもしろいことであったはずがなく、いかに桜が盛りであっても、いつも見る桜とは違っていたことであろう。

ともあれ、江戸時代の武士にとって、切腹は藩主の心次第で命じられるものであったことをまず指摘しておきたい。

川原の変死体

次は、会津藩の事例である、慶安五年（一六五二）正月十日の朝、会津の本二ノ丁《ほんにのちょう》、鈴木杢之助屋敷前の川端に、安武太郎右衛門という会津藩士の殺害死体があった（『会津藩家世実紀』）。

近辺に住む北原采女の通報により、藩当局の穿鑿が始まった。

太郎右衛門は、町野権三郎という藩士と衆道知音《しゅどうちいん》（男色の関係にある者）であり、その関係者から何人もの容疑者が挙がった。

ところが、それらの者を穿鑿しても決め手がなく、よそ者の仕業かもしれないということで事件は迷宮入りになりかけた。さらに厳しく穿鑿するとなると、多くの藩士を巻き込み、しかも無罪の者を罰することになるかもしれない。

しかし、報告を受けた藩主保科正之は、この事件は隣国のみならず江戸にまで噂になるような事件であるから、どうしても形をつけろ、と命じた。そうしないと、会津藩の穿鑿がおざなりなものであるとの噂になり、それは厳しい武士道で鳴る会津藩としては恥だったのである。こうして、藩主の命に従って、さまざまな方面からさらなる穿鑿が行われることになった。

それまでは太郎右衛門殺害の穿鑿であった。しかし今度は、容疑者の日常生活すべてが穿鑿の対象となったのである。

そのため、たとえば町野権三郎は、城の堀で網を打ち魚を捕ったり、犬を殺して仲間内で料理して食べたりといった行為が問題とされた。他の者も、銭を賭けてカルタを打っていたとか、夜、城門の外に出たり、相撲見物に行ったりなどといった不法行為が露見した。

これらの者たちは、誰も太郎右衛門殺害を認めなかった。そこで藩当局は、太郎右衛門がしばしば出入りしていた御供番の宮本四郎左衛門が最も怪しいとしたが、彼も殺害の嫌疑を否定した。

疑わしきは罰せよ

さて、以上の報告を聞いた保科正之は、次のように命じた。

平日の所行《しょぎょう》（所業）彼是《かれこれ》以て仮令《たとえ》殺害人にこれなく候共、平日の所行遁《のが》れ難き者に候間、四郎左衛門は御成敗仰せ付けらるべし。
――普段の行動の数々を見ると、たとえ殺害人でなくても処罰相当の者だから、四郎左衛門には成敗を命じよ。

殺人犯であろうとなかろうと、そのような藩士は成敗せよ、というのである。この藩主の意見が効いたのか、藩当局は四郎左衛門に切腹を命じることにした。成敗ではなく切腹だったのは、藩当局のせめてもの思いやりだったのであろう。

また、切腹となったのは四郎左衛門だけではない。藩当局は、四郎左衛門を始めとして、疑わしい者五人全員に切腹を命じ、関係者大勢に追放などの処分を命じている。

犬を殺して食べたり、博打を打ったりという行動でわかるように、彼らはいわゆる「かぶき者」と言われる無頼の藩士たちであった。衆道の関係も彼らのあいだではあたりまえで、それがまた紛争の原因にもなっていた。

しかし、それと安武太郎右衛門殺害とは別の話である。藩主の意向に沿った厳罰ではあるが、現在の法感覚から言えば冤罪《えんざい》としか言いようがない。

さて、最も疑わしいとされた宮本四郎左衛門は、安部井又左衛門の屋敷に預けられていた。切腹の時、畳を汚すと根太《ねだ》の掃除も大変だからと庭に出て、縁から二つ目の飛び石に腰を掛け、初め八文字に腹を切り、そして一文字に切った。

又左衛門がそれを見咎め、言った。

「四郎左衛門、見苦しい腹の切り方である。上へなにか遺恨があってそのように致すのか」

四郎左衛門は、「いかにも見苦しく、申し訳ありません（「如何にも誤り候」）」と謝っているが、この腹の切り方には主君への抗議の意志が込められていたと見るべきであろう。

しかしその抗議も、せいぜい腹を作法通りに切らないというものであった。武士にとって、主君が切腹と言えば、それに従わざるを得なかったのである。

第二節　飼い馴らされた武士ども

武士と云《いう》は主君のために死ぬ事と見付たり

武士は死ぬことを恐れなかった。しかし、それが武士の長所であると同時に、弱点にもなっていた。とにかく武士は、主君に対してはいかに理不尽な命令であっても服してしまう習性があった。

江戸時代の初期には、主君と真っ向から対立し、戦闘も辞さないという武士が多く見受けられた。福岡藩主黒田忠之《くろだただゆき》と対立し、鉄砲の火縄に点火して城下を去った栗山大膳《くりやまだいぜん》、あるいは、会津藩主加藤明成《かとうあきなり》と対立し、城下の外れで城に向かって鉄砲を撃って領国を去った堀《ほり》主水《もんど》など、いずれもそのような矜持を持っていた（拙著『寛永時代』）。

こうした自立した武士の姿は、時代が下るにつれ少なくなっていく。前節で見た稲葉左近は、主君利常の切腹命令に抵抗しようとしたが、家督を相続した若殿光高に対しては恭順の姿勢を見せている。もちろん、個々の武士が、いざ切腹に追い込まれた時に抵抗するようなこともあった。しかし、周囲の者は無理にでも腹を切らせ、主君への抵抗という事実をあくまでも押し隠した。こうして主君は、家臣の生殺与奪の権を握る権力者として生き続けるのであった。

このような主君絶対の観念が、近世武士道の特徴である。そもそも武士の人生は、「是非一度主君の御用に立」つためのものだった（大道寺友山《だいどうじゆうざん》『武道初心集』）。武士は主君の御用に立つために存在するものであって、もしその命を主君に捧げることができればむしろ幸運と言うべきなのであった。

もっとも、『武道初心集』の議論は、主君のために命を捨てるその時までは、つまらない喧嘩などで命を粗末にしないように、という教えが主眼であった。しかし、そのような通俗的な教えであっても、武士の命は主君のためにあるという原則だけは堅持していることを忘れてはならない。

まな板の上のサムライ

こうした武士は、主君のためであれば腹を切ることも辞さなかったし、主君が腹を切らせよと言えば、親類であろうが友人であろうが無理にでも腹を切らせた。これを「詰腹《つめばら》」と言う。

抵抗が予想される場合は、主君が直々に殺害を命じる。これを「上意討《じょういう》ち」と言う。幕末、薩摩藩主島津忠義《ただよし》の父久光《ひさみつ》が、急進派の家臣を斬るように命じた寺田屋《てらだや》事件などは、まさにそうした上意討ちであった。

氏家幹人氏は、『大江戸残酷物語』のなかで、「詰腹」の事例を旧幕臣である本多晋の談話から発掘している（「屠腹ニ関スル事実」）。

其時分の制度では、法則に触れた者は町奉行の手に渡して罪人にする（の）が制度でありますが、一橋家の中からさういふ罪人を出すのは名誉に係はることであるから、町奉行の耳に入らぬ内に腹を切らした方が宜《よろし》いといふことになって私共検視（使）に参りました。其の者は農兵であります。同輩共が寄りまして、腹を切れと言ふが、農兵でありますから一向事理《じり》が分かりませぬ。私は死ぬ程の事はしませぬと言ふので、止むを得ずトウ〳〵寄て集《たか》つて殺して仕舞いました。

この砲兵を務めていたという農兵にいかなる不都合があったのかはわからないが、「私は死ぬ程の事はしませぬ」と言っているのだから大したことではあるまい。しかし、罪人を出すのが「名誉に係はる」という武士の発想では、表沙汰にならないうちに、とにかく腹を切らせるということになるのである。

同じ本多晋の談話には、似たようなケースで武士ならどうするかという恰好の事例がある。最後の将軍、徳川慶喜が上野寛永寺《うえのかんえいじ》に謹慎中、山岡鉄舟《やまおかてつしゅう》の部下の一人が、上野の山下《やました》あたりの酒店で無銭遊興をした。鉄舟が、「かわいそうだがこれは殺さなければならぬ」と言うので、呼び出し、「其方は無銭遊興をした。甚だ不都合であるから切腹を命ずる」と申し渡した。すると、その者は二十歳未満の若者だったが、次のように行動した。

一言聞いて、畏《かしこ》まりました、切腹をしませうとて、少しも沮《ひる》むことなく、其夕同僚検視（使）の下に立派に自ら腹を切《きつ》て死にました。

上司から切腹を命じられれば、まな板の上の鯉のように、素直に切腹するのが武士であった。

それにしても、両者とも、「腹を切らした方が宜い」とか「殺さなければならぬ」という上司の判断で、いとも簡単に切腹を命じられていることに注目したい。このような判断は、主君の気持ちを忖度《そんたく》する上司の判断によるものであった。上司の言葉は、すなわち主君の言葉だと理解されたのである。

武士社会のヒエラルヒー

武士は主君のために存在する。上の者の言葉は、主君の意を代弁するものと考えられており、上の者から死ねと言われれば、主君のために死ななければならない。いかなる上司も部下にとっては主君の身代わりであり、その言葉は、主君の言葉とイコールなのであった。

こうしたことは、江戸時代の武士にとっては常識に属することである。そのため、江戸時代において、将軍はもとより、藩主は別格の存在であった。江戸時代を通じて、自身が刃傷事件でも起こさない限り、藩主が失政や不行跡の責任を取って腹を切ることはなかった。

藩主が特別な個性を持っており、そのまま放置しておくと藩の存続もおぼつかないという場合は、家臣たちが主君を座敷牢に押し込め、新藩主を擁立する「主君押し込め」という慣行が存在することは知られている（笠谷和比古《かさやかずひこ》『主君「押込」の構造』）が、その場合でも藩主に切腹を強要したり、殺害したりということはまったく考えられなかった。

諸藩において代々家老を務める家も、藩主同様の権威を持っていた。したがって、個々の政策の誤りは、家老が責任を取ることはなく、直接政治を担当した役人が責任を取る。第三章第四節で述べたように、藩札発行が結局は失政だとされた場合、責任を取ったのは、その政策を容認し実施した家老ではなく、政策を上申し担当者となった元締役であった。

しかし、藩主の責任が問われるような事態に陥った時は、家老が身を挺《てい》して藩主を守ることになる。幕末、第一次長州戦争の際、切腹することによって長州藩を救ったのは三人の家老であった。

長州藩を救った三家老

元治《げんじ》元年（一八六四）七月十九日、長州藩は、京都での主導権を奪回するために御所を攻めた（禁門の変）。この時、藩主毛利慶親《よしちか》（のち敬親《たかちか》）の世子定広《さだひろ》（のち元徳《もとのり》）も、岩国藩主吉川監物《きっかわけんもつ》（経幹《つねもと》）とともに京都に向かっており、この挙は藩主も了承済みのことであった。

しかし、長州藩は、諸門を警備する会津藩や薩摩藩に撃退される。さらに八月四日、前年に起こった下関海峡における外国船砲撃事件への報復のため、米・英・仏・蘭の四国艦隊が

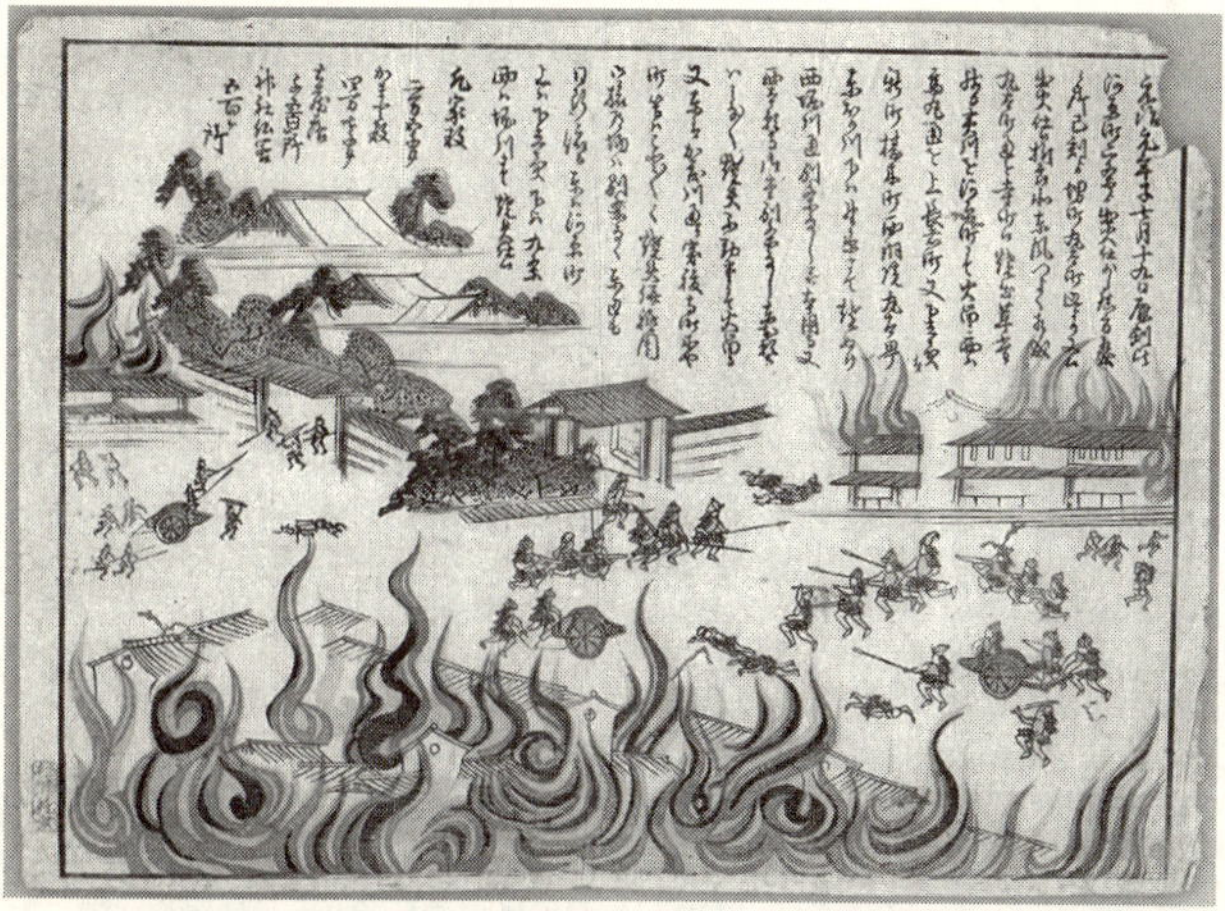

「禁門の変」を伝える瓦版（小野秀雄コレクション・東京大学社会情報研究所蔵）

下関に砲撃を加え、長州藩守備部隊は完膚無きまでに敗北した。

幕府は、その威信を回復するため、尾張藩主徳川慶勝《よしかつ》を征長総督とし、三十六藩に動員命令を出して、長州藩を攻めることを決定した。こうしたなか、長州藩では佐幕派が勢いを盛り返し、益田《ますだ》右衛門佐《うえもんのすけ》・福原越後《ふくはらえちご》・国司信濃《くにししなの》の三家老に引責させるという意見が主流になっていった。

こうした動きをうけた藩主慶親の朝廷への奏上書は、以下のようなものである。

去月十九日の事（禁門の変）、臣（毛利慶親）恐懼《きょうく》に堪えず、益田・福原・国司の三臣、臣が鎮撫《ちんぶ》の命に背き、却って亡命党の首となる。その罪大なり。因《よっ》てこれを幽《ゆう》しもって後命を待たしむ。
——去月十九日の事、私は恐懼に堪えません。益田・福原・国司の三人の家来は、私の自重するようにとの命令に背き、亡命党の首魁《しゅかい》となりました。その罪は大です。よって三人を幽閉し、後の指示を待たせています。

まったく藩主の責任逃れのように見えるが、当時においてはこれが当たり前のものであった。堀山久夫《ほりやまひさお》氏は、この奏上書について次のように述べている(『国司信濃親相伝』)。

臣はあくまで君を守るためのものであり、生命は主君にささげたものである。平素藩主の禄をいただく藩臣のそれが義務であり責任である。そうしたことは藩主が強要するのではなくその身勝手でもなく、おのずからそうであるべき武士道藩政下の絶対的な臣道であった。

この指摘は、当時の観念から言って的を射たものである。益田ら三家老も、詰腹を切らされたというような意識ではなく、当然のごとく切腹を受容している。そもそも惨敗した彼らが生きて国元へ戻ったのも、切腹して最後の奉公をするためであっただろう。

八月二日、藩は三家老に次のような仰せを伝えた。

思し召しに相叶《あいかな》わざる趣これあり、御役差し替えられ候。この段、申し聞かすべき旨に候事。

——思し召しに叶わない趣があるので、御役差し替えられます。この段、伝えるようにとの仰せです。

家臣は、「思し召しに相叶わざる趣」があれば、役を罷免されようと、切腹を命じられようと、従容と従わなければならないのであった。

また、吉川監物は、禁門の変は慶親父子のまったく与り知らぬことであるとして、「御寛大の御沙汰」を願う嘆願書を、広島藩主を通じて提出した。

征長軍側では、参謀に加わっていた薩摩藩の西郷吉之助《きちのすけ》（隆盛）が、長州藩に好意的な態度をとり、周旋に務めた。その結果、三家老の切腹を前提に、慶親父子の寺院蟄居と自ら署判した謝罪状の提出など三カ条を認めれば許すという和議調停案が成立したのである。

三人の家老は、徳山《とくやま》藩へ幽閉されていた。いよいよ切腹と決まった時、長州藩諸隊の志士は三家老赦免を陳情したり、その奪還を試みようとする気配もあったが、十一月十一日、益田は徳山の総持院《そうじいん》で、国司は澄泉寺《ちようせんじ》で、予定を一日早め切腹した。福原は、同十二日、徳山藩主の実兄であったため岩国に移送され、同地の竜護寺《りゆうごじ》で切腹した。

福原が五十歳、益田が三十二歳、国司は二十三歳の若さであった。三家老は、切腹することによって主君を守り、ひいては長州藩士すべてを守ったのである。

なお、萩《はぎ》城下の野山獄《のやまごく》に投ぜられていた宍戸左馬之助《ししどさまのすけ》・中村九郎《なかむらくろう》・竹内正兵衛《たけうちしようべえ》・佐久間《さくま》佐兵衛《さへえ》といった参謀格の藩士四人は、三家老の切腹に合わせ、十一月十二日、斬首となっている。家老ほど高い家格でない彼らは、武士としての処分さえ許されなかったのである。

藩の意思決定

ところで笠谷和比古氏は、藩における意思決定の「持分《もちぶん》」的構成という議論を提起している（『近世武家社会の政治構造』）。

一つの組織体としての大名家（藩）における意思決定はこれら各人、各階層の家臣・役人がそれぞれ有する「持分」に応じた決定力の合算・比較の中で行われるものであり、主君が特定の意思を打ち出そうとも、自余《じよ》の者の「持分」の総和がそれを上回る時には撤回されざるを得なくなるものと見ることができよう。

藩の意思決定に、家臣の意向が反映されることは当然である。しかし、江戸時代の特徴は、たとえ反対意見であったにせよ、それは「主君の御為」に反対するという論理になることである。平時における意思決定は、往々にして藩主に信任された家老によって行われるが、それは家老の「持分」というより、藩主の代理人としての資格によるものだった。

したがって、笠谷氏の主張する藩主が五十で一門・家老が各六、一門・家臣全体で二百五十というような数値は、潜在的な「持分」として理解することは許されるにしても、江戸時代の特質を必ずしも正確に反映させたものとは言い難い。

理念的には藩主の「持分」がすべて（三百）で、平時においてそれが一門・家老以下に委任されていると考えたほうがよい。その場合でも、形式的ではあれ最終決定は藩主に委ねられる。それは、これまで見てきた切腹が、必ず藩主の裁可を得たうえで行われていることを考えれば理解できるであろう。

家臣の存在を成り立たせているのは、主君から貰う知行である。主君がいなくなれば、赤穂藩のように家臣も浪人せざるを得ない。つまり、各家臣の「持分」を守っているのは、藩主の存在そのものだったのである。

笠谷氏による組織の意思決定における「持分」的構成は、現在の会社組織には確かに当てはまる。現在の会社組織を藩に置き換えて理論化したと言っては深読みであろうか。

利用され続けた「切腹」という隠れ蓑《みの》

切腹は、罪や責任を償《つぐな》う手段であった。それは、武士身分の自立性を前提に成立した処罰のあり方だった。武士は、自己に責任があると認識した時には、自発的に腹を切ったし、また確かな罪がない時でも、責められて詰腹を切らされることもあった。

誰かが腹を切ればその事件は終わったことになるから、安易に部下に腹を切らせることもあったであろう。個々の武士の責任感に依存して生き長らえる上司もいたに違いない。

個々の武士の切腹は、藩主を頂点とする藩社会を守るために行われた。罪や不祥事の責任は、当事者の切腹によって取らされることが多く、上の者が管理責任を問われることは稀であった。

近代になって、武士道は軍の組織に引き継がれることになる。そのためか、軍は戦略や戦術の責任を現場の兵士や司令官のものにすることが多かった。ノモンハン事件において、現地の司令官に自決が強要された事例などは、それを明確に示している。あの時代の狂信的とも言える「武士道精神」は、上の者の責任を下の者に取らせるために利用されたのである。

責任を取って切腹するという潔い態度は、個々の人間の精神としては美しいと思う。しかし、それが上から強制される時には、上の者の体《てい》のよい責任逃れとして使われることが多い。現在の日本でも、そのような構造は、官僚組織や会社組織などに根強く残っているのではないだろうか。

おわりに――くり返される切腹

これまで、切腹を通して、江戸時代の武士が特異な道徳を強制されていたことを述べてきた。本書で見たような様々な切腹は、多くは江戸時代に特有のものである。その切腹を分析することは、江戸時代の社会の質を究明することにつながる。

本書が得た結論は、「武士の身分的矜持」と、逆説的ではあるがそれを支える「主君の絶対性」ということである。一見すると相反するように見えるこの二つの要素が、密接につながっていたがゆえに、大量の切腹死も生じたのである。

このような切腹の構造は、必ずしも過去のものではなく、現在の会社組織にもあてはまるようである。殊に昨年（二〇〇二）は、狂牛病（ＢＳＥ）対策のための在庫牛肉買い取り制度を悪用し、輸入肉を国産牛に偽装して国から代金を詐取するという食肉会社の不祥事があり、詰腹を切らされる社員や責任を取る重役が続出した。

雪印食品では、ミート営業調達部長が専務に相談したうえで、同部の営業グループ課長や関西ミートセンター長とも相談し、不良在庫の輸入牛肉を国産牛肉と偽って国に買い上げさせた。これは、他社の動きに遅れをとらないためだったという。

その不正が内部告発によって発覚した際、関係者は隠蔽《いんぺい》工作を図り、当初は現場責任者の独断でやったこととされ、現場責任者もそう主張した。

結局、雪印食品は解散し、ミート営業調達部長は上司を庇うのをやめ、「役員が関与すると会社ぐるみになってしまう。部下の責任にされても、会社が残るならやむを得ない。世の中そんなもんだと思った」と公判で証言した。

また、事件の発覚後、許可を与えていた専務がミート営業調達部長に、「お前のお陰で首になるわ」と非難したという（事実関係は『AERA』二〇〇二年九月十六日号）。これは、自分の管理責任をまったく自覚していない暴言である。

もしこれが江戸時代なら、早々にミート営業調達部長が腹を切って終わりだっただろう。死人に口なしだから、江戸時代の重役は、個々の不正を知っていたとしても責任は取らない。

しかし現在では、その専務の言葉が示しているように、担当役員までが引責辞任するのが主流である。江戸時代よりはまともになったと言えるかもしれないが、そうであるだけに組織的な隠蔽工作が盛んになる下地もある。

現在の会社組織は、理論的には株主のために存在する。また会社の公共的性格に注目すれば、消費者や社員の生活のために存在していると言ってもよいであろう。決して会長や社長のために存在するものではない。

ところが、一部の会社のように、江戸時代の藩と同様、会長や社長のために会社が存在することもある。その場合は、社員のみならず、重役までもが会長や社長のために腹を切ることになる。最近、世を騒がせた日本ハムの不正事件は、我々にそれを思い起こさせてくれた。

輸入肉の商品コードを国産肉のコードに書き換え、買い取り代金を国から詐取しようとした日本ハム子会社「日本フード」の姫路・徳島・愛媛の三営業部長は、あくまで書き換えは個人的な裁量で行ったことを主張した。しかし当然、重役の了解は得ているはずで、筆者には会社を庇っているとしか思えなかった。筆者と同年代である三人の部長は懲戒解雇となったが、その姿は斬首された長州藩の四参謀を見ているようだった。

不祥事の責任を取って、日本フードの社長・専務・常務の三人は辞任することになり、日本ハムでは、副社長（日本フードの社長を兼務）・専務が辞任して最後まで社長を庇おうとした。しかし結局は庇い切れず、日本ハムの最高責任者である大社義規《おおこそよしのり》会長が名誉会長、鈴木茂雄副会長が最高顧問となり、大社照史《てるちか》副会長が相談役に降格、大社啓二《ひろじ》社長が専務に降格になるという人事が発表された（二〇〇二年八月二十一日付け朝日新聞）。日本ハムなりの英断だったのだろうが、これでは責任を取ったことになるのかどうかもわからない。

江戸時代なら、重役である家老が腹を切れば、主君は無事に済んだ。それを想起したのか、日本ハムでも重役が腹を切り（辞任）、部下をあっさりと切り捨てて（懲戒解雇）、主君を守ろうとしたのである。しかし、現代となってはそれだけでは済まない。さらに世論の批判を浴びて、大社義規、鈴木茂雄、大社照史の三氏は無役となった。

それにしても、創業者をトップにいただく企業には、大企業であっても、会長や社長のために社員が存在するという忠誠心がはっきりと存在しているのには感心した。これではまるで江戸時代そのものではないか。

筆者は、これらの社員を非難しているのではない。不正は不正として糾明されなければならない。しかし、彼らは必ずしも私利私欲のために偽装工作を行ったのではない。そして、事件が発覚した時は、訴追覚悟で責任を被ろうとしている。江戸時代的発想に慣れた筆者などは、この姿勢に共感すら覚える。

このような日本人的（江戸時代的？）な心性を評価する者もいる。元最高検検事の永野義一氏は、ダグラス・グラマン事件の際、「話せば、会社が潰れることになる」と口をつぐんだ経理担当社員について、次のように語っているという。

「もちろん、悪質といえば悪質だ。しかし、わたし自身は、この年輩の担当者に尊敬の念さえ感じた」

これを紹介した『AERA』（二〇〇二年九月十六日号）は、「戦後の復興期を支えたのは実は、こうした小さな個人ではなかったか」と永野氏同様に評価する姿勢である。筆者も、それについては同感である。同時に、そのような社員の忠誠心にあぐらをかき、自分だけは助かろうとする上司の態度は許すことができない。

江戸時代なら、主君がいなくなれば御家は潰れるから、主君を守ることは自分の家を守ることでもあった。しかし現代では、会長や社長がいなくても会社は存続する。会社を守るためには、不祥事を起こした時に内部から早急に真相を究明し、役職者が率先して責任を取ることが必要であろう。

また、マスコミや世論の側も、「切腹者」が出ることを期待するような物見高い態度をとったり、誰かが「切腹」することでよしとするのではなく、罪の度合いを正確に測り、冷静に対応することが求められているのではないだろうか。

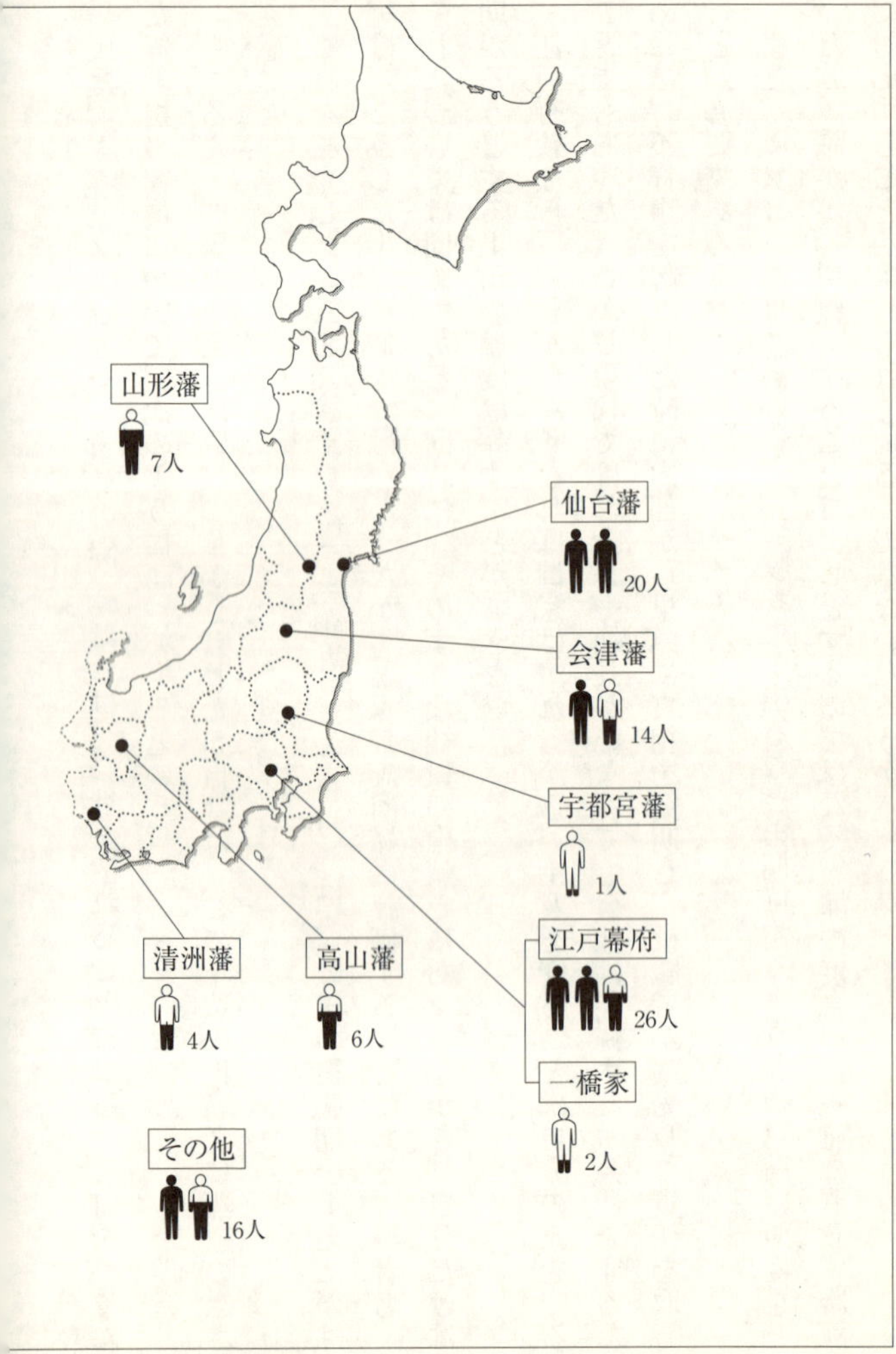
山形藩
7人
仙台藩
20人
会津藩
14人
宇都宮藩
1人
江戸幕府
26人
一橋家
2人
清洲藩
4人
高山藩
6人
その他
16人

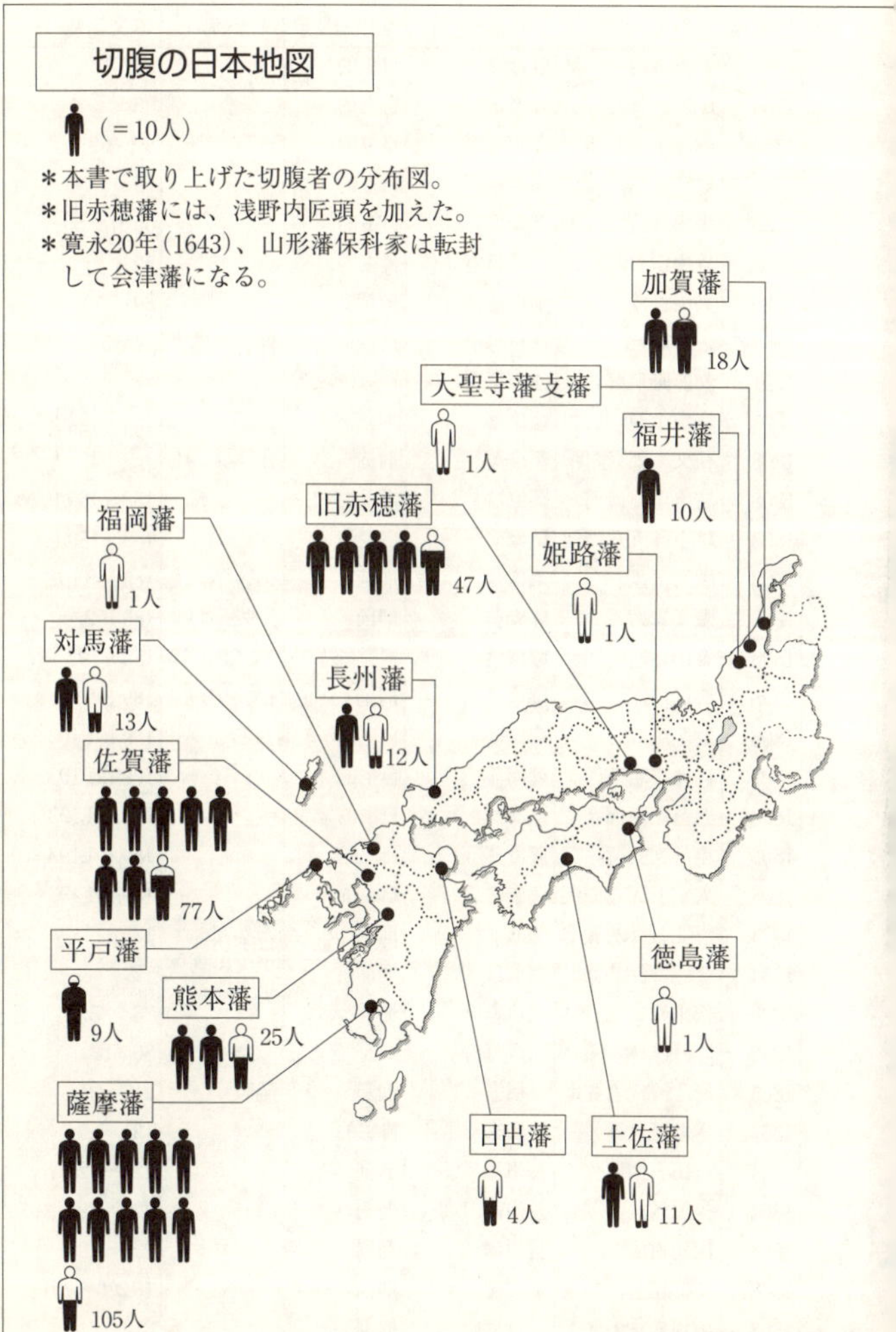
切腹の日本地図
（＝10人）
＊本書で取り上げた切腹者の分布図。
＊旧赤穂藩には、浅野内匠頭を加えた。
＊寛永20年（1643）、山形藩保科家は転封
して会津藩になる。
加賀藩
18人
大聖寺藩支藩
1人
福井藩
10人
旧赤穂藩
47人
福岡藩
1人
姫路藩
1人
対馬藩
13人
長州藩
12人
佐賀藩
77人
平戸藩
9人
熊本藩
25人
徳島藩
1人
薩摩藩
105人
日出藩
4人
土佐藩
11人

切腹年	切腹者名	所属・身分	切腹の種類	備考	本文掲載ページ
1754	音方貞淵	薩摩藩	自主的		56
1754	江夏次左衛門ら35人	薩摩藩	自主的		56
1754	内藤十左衛門	江戸幕府	自主的		59〜62
1754〜55	藤井彦八・浜島紋右衛門ら14人	薩摩藩	自主的		56
1755	平田靱負	薩摩藩	自主的		55,57〜59
1755	竹中伝六	江戸幕府	自主的		59
1780	高田善蔵	加賀藩	刑罰		89
1784	佐野政言	江戸幕府	刑罰	殿中刃傷事件（乱心）	54〜55
1791	初鹿野信興	江戸幕府	刑罰（病死?）		87
1808	樺山主税（久言）	薩摩藩	刑罰		178〜184,189,193〜199
1808	秩父太郎（季保）	薩摩藩	刑罰	公式処分は遠島	178〜189,197〜199
1808	清水源左衛門	薩摩藩	自主的（?）		188〜189,192
1808	尾上甚五左衛門	薩摩藩	自主的		188〜189,196
1808	隈元平太	薩摩藩	刑罰	公式処分は遠島	180,189,192
1808	隈元軍六	薩摩藩	刑罰	公式処分は遠島	189,192
1808	森山休右衛門	薩摩藩	刑罰（殺害?）	公式処分は遠島	189〜192
1808	勝部軍記	薩摩藩	刑罰	公式処分は遠島	189,192
1808	日置五郎太	薩摩藩	自主的		189,191,193
1808	岡元千右衛門	薩摩藩	自主的		189,191,193
1808	堀甚左衛門	薩摩藩	自主的		189,191,193
1808	小島甚兵衛	薩摩藩	自主的		189,191,193
1808	大重五郎左衛門	薩摩藩	自主的		189,191,193
1834	門限に遅れた武士	薩摩藩	刑罰	史実の真偽は不明	12
1834	介錯に遅れた武士	薩摩藩	刑罰	史実の真偽は不明	12
1838	松平靱負	江戸幕府	刑罰		83〜85
1842	高屋知久（柳亭種彦）	江戸幕府	刑罰（病死?）		86〜87
1863	砲兵を務めた農兵	一橋家	刑罰	詰腹	217〜218
1864	本多巳之助	一橋家	自主的		13
1864	益田右衛門佐	長州藩	刑罰		221〜224
1864	福原越後	長州藩	刑罰		221〜224
1864	国司信濃	長州藩	刑罰		221〜224
1868	箕浦猪之吉ら11人	土佐藩	刑罰		18,200〜201
1868	山岡鉄舟の部下	江戸幕府	刑罰		218

切腹年	切腹者名	所属・身分	切腹の種類	備考	本文掲載ページ
1658	前田利常への殉死者3人	加賀藩	自主的	追腹	42
1658	伊藤九郎太郎	会津藩	刑罰	喧嘩両成敗	67
1664	水野成之	江戸幕府	刑罰		80
1664	吉田勘右衛門	加賀藩	刑罰	史実の真偽は不明	92〜93
1666	飯田八郎兵衛	会津藩	刑罰		75〜77
1666	西郷七兵衛	会津藩	刑罰		124〜138
1667	浦野孫右衛門	加賀藩	刑罰		163〜177
1667	浦野兵庫	加賀藩	刑罰		164,169,171〜172
1667	阿岸掃部	加賀藩	刑罰		169,171〜172
1667	駒沢金左衛門	加賀藩	刑罰		171〜172
1667	阿岸友之助	加賀藩	自主的		171〜172
1667	宇留地平八	加賀藩	刑罰		172
1667	是清伝右衛門	加賀藩	自主的		172
1668	奥平忠昌への殉死者1人	宇都宮藩	自主的	追腹	42
1674	新貝又之丞	江戸幕府	刑罰	斬罪だが、形は切腹	99
1675	生駒善五郎	会津藩	刑罰(賜死?)		95〜97
1677	柴田柄漏	加賀藩	刑罰		101
1678	竹本三四郎	会津藩	刑罰	喧嘩両成敗	68
1678	柴田九郎左衛門	会津藩	刑罰	喧嘩両成敗	68
1687	高津孫左衛門	会津藩	刑罰		139〜143
1700	志波原武右衛門	佐賀藩	自主的		81
1700	深堀三右衛門	佐賀藩	自主的		81
1701	浅野内匠頭(長矩)	赤穂藩	刑罰	殿中刃傷事件	44〜46
1701	深堀領武士10人	佐賀藩	刑罰		80〜81
1701	長井九八郎	会津藩	刑罰		151〜157
1703	大石内蔵助ら46人	旧赤穂藩	刑罰		46〜52
1708	杉本九十郎	加賀藩	刑罰	喧嘩両成敗	69〜74
1709	前田采女(利昌)	大聖寺藩支藩	刑罰	寛永寺での刃傷事件(乱心)	52〜53
1732	毛利太兵衛	加賀藩	刑罰		101〜104
1746	杉山彦一郎	江戸幕府	刑罰		82
1746	美濃部貞庸	江戸幕府	刑罰		82
1747	板倉勝該	江戸幕府	刑罰	殿中刃傷事件(乱心)	53〜54
1754	永吉惣兵衛	薩摩藩	自主的		56

切腹年	切腹者名	所属・身分	切腹の種類	備考	本文掲載ページ
1623	松平甚三郎	江戸幕府	刑罰		36
1623	依田十左衛門	徳川忠長家臣	刑罰		36
1623	黒田長政への殉死者1人	福岡藩	自主的	追腹	42
1625	小幡藤五郎	江戸幕府	刑罰		37〜38
1625	毛利輝元への殉死者1人	長州藩	自主的	追腹	42
1628	豊島刑部・豊島継重	江戸幕府	刑罰	殿中刃傷事件	44
1632	徳川秀忠への殉死者1人	江戸幕府	自主的	追腹	42
1633	服部半三郎	江戸幕府	刑罰	喧嘩両成敗	64〜65
1635	鍋島忠直への又殉死者5人	佐賀藩	自主的	追腹	42
1636	伊達政宗への殉死者15人	仙台藩	自主的	追腹	41〜42
1636	伊達政宗への又殉死者5人	仙台藩	自主的	追腹	42
1637	松浦隆信への殉死者6人	平戸藩	自主的	追腹	42
1638	島津家久への殉死者9人	薩摩藩	自主的	追腹	41〜42
1640	稲葉左近	加賀藩	刑罰(賜死?)		89,109,204〜211
1641	細川忠利への殉死者19人	熊本藩	自主的	追腹	41〜42
1642	木下延俊への殉死者4人	日出藩	自主的	追腹	42
1642	夏目伊織	山形藩	刑罰		93〜95,100
1642	内田三十郎	山形藩	刑罰		112〜123
1642	永坂三郎右衛門	山形藩	刑罰		115〜123
1645	松平忠昌への殉死者7人	福井藩	自主的	追腹	41〜42
1645	鍋島茂賢への殉死者18人	佐賀藩	自主的	追腹	42
1645	鍋島茂賢への又殉死者4人	佐賀藩	自主的	追腹	42
1645	細川忠興への殉死者5人	熊本藩	自主的	追腹	42
1646	栗田宇右衛門	会津藩	刑罰	喧嘩両成敗	65〜67
1650	金森重頼への殉死者4人	高山藩	自主的	追腹	42
1651	毛利秀就への殉死者7人	長州藩	自主的	追腹	42
1651	徳川家光への殉死者5人	江戸幕府	自主的	追腹	42
1651	徳川家光への又殉死者1人	江戸幕府	自主的	追腹	42
1652	廣田源太夫(父子)	加賀藩	刑罰		90〜91
1652	宮本四郎左衛門ら5人	会津藩	刑罰		212〜214
1657	鍋島勝茂への殉死者26人	佐賀藩	自主的	追腹	41〜42
1657	宗義成への殉死者12人	対馬藩	自主的	追腹	42
1657	宗義成への又殉死者1人	対馬藩	自主的	追腹	42

切腹総覧【431人の切腹者リスト】

切腹年	切腹者名	所属・身分	切腹の種類	備考	本文掲載ページ
988	袴垂	盗賊	自主的		19
1189	源義経	鎌倉将軍の弟	自主的	戦の敗北	19
1221	伊賀光季(父子)	京都守護(光季)	自主的	戦の敗北	20
1392	三島外記	細川頼之家臣	自主的	追腹	39
1439	足利持氏	鎌倉公方	自主的	戦の敗北	26
1439	足利義久	鎌倉公方長子	自主的	戦の敗北	26
1521	今井頼弘ら3人	浅井亮政家臣	刑罰		28
1573	印牧弥六左衛門	朝倉義景奉行人	刑罰		29〜30
1582	清水宗治	備中高松城主	自主的	戦の敗北	27
1595	豊臣秀次	元関白	刑罰	形は自主的	27
1595	不破万作	豊臣秀次家臣	自主的	追腹	39
1595	山田三十郎	豊臣秀次家臣	自主的	追腹	39
1604	柘植正勝	江戸幕府	刑罰	喧嘩両成敗	34,64
1607	菅小左衛門	姫路藩	刑罰	喧嘩両成敗	31〜34
1607	船の梁に縛られた武士	薩摩藩	刑罰	形は自主的	31〜32
1607	稲垣将監	清洲藩	自主的	追腹	39
1607	石川主馬	清洲藩	自主的	追腹	39
1607	小笠原監物	清洲藩	自主的	追腹	39
1607	佐々喜内	清洲藩	自主的	追腹	39
1607	土屋左馬助	福井藩	自主的	追腹	39
1607	永見右衛門尉	福井藩	自主的	追腹	39
1607	田村金兵衛	福井藩	自主的	追腹	39
1608	桂三左衛門(元時)	長州藩	刑罰		78〜80
1611	島津義久への殉死者15人	薩摩藩	自主的	追腹	41〜42
1611	加藤清正への殉死者1人	熊本藩	自主的	追腹	42
1614	最上義光への殉死者4人	山形藩	自主的	追腹	42
1614	松浦鎮信への殉死者3人	平戸藩	自主的	追腹	42
1615	金森可重への殉死者2人	高山藩	自主的	追腹	42
1618	鍋島直茂への殉死者12人	佐賀藩	自主的	追腹	41〜42
1619	島津義弘への殉死者13人	薩摩藩	自主的	追腹	41〜42
1620	蜂須賀至鎮への殉死者1人	徳島藩	自主的	追腹	42
1621	栗原盛清	江戸幕府	刑罰		35

あとがき

ここ何年かのあいだ、世の中に「切腹もの」の事件が目立った。「おわりに」で述べた輸入牛肉の国産牛偽装事件もそうだし、国会議員政策秘書給与の不正受給疑惑もそうである。密告などによって不祥事が発覚した場合は、大変なダメージを受ける。雪印食品はあっというまに解散に追い込まれたし、辻元清美議員や田中真紀子議員は辞職した。

それぞれに悪質とはいえ、最初に発覚した時には、よもやそこまで追い込まれるとは思わなかった。当事者も、大したことだとは思っていなかったのではないだろうか。世間の声や事の成り行きというものは恐ろしいものである。

過ちは過ちとして正されなければならないが、人間には「気の迷い」ということが往々にして起こる。なぜそんなつまらないことをしてしまったのだろうか、と後悔した経験は誰にでもあると思う。しかし、事の成り行きによっては、そのようなことがとんでもない事態に発展していくのである。

江戸時代の武士は、些細な行動で切腹を命じられることがよくあった。本書で紹介した切腹者のなかには、過失とも言えないような些細なミスや不注意で切腹に追い込まれた者もいる。彼らは、切腹の場で我が身の迂闊さを呪ったであろう。

現代は、ミスや不注意に比較的寛容な時代であるが、事と次第によっては、立ち直れないほどのダメージを受けることがある。日本は危機管理能力の低い国家であるとよく言われるが、それも日本人の危機管理能力の不足によるものであろう。

取り返しのつかない事態に追い込まれてからでは遅い。「切腹」に追い込まれた者の行動を反面教師として、そのような事態に陥らないよう我が身と行動を点検していくことが必要である。あるいは、もし不幸にして「切腹もの」の事件を引き起こした読者がいるとしたら、江戸時代と違って腹まで切る必要はないのだから、もう一度やり直してほしいと思う。

本書がなるにあたって、苦しい時期に筆者を励ましてくれた親しい編集者や記者の方に心から感謝の意を表したい。そのなかの一人で、思いつきの段階から本書につき合ってくれた光文社新書編集長の古谷俊勝氏にも深く感謝する。

二〇〇三年四月一三日

山本博文

引用史料

はじめに

「大名の日常生活」(柴田宵曲編『幕末の武家』/青蛙房/一九七一年)
「屠腹ニ関スル事実」(『史談会速記録』第二八六輯/一九一六年)
『会津藩家世実紀』第五巻(家世実紀刊本編纂委員会編/吉川弘文館/一九七九年)

第一章

『常山紀談』上(森銑三校訂/岩波書店/一九三八年)
『武辺咄聞書』(菊池真一編/和泉書院/一九九〇年)
『伊達政宗記録事蹟考記』東京大学史料編纂所所蔵謄写本
『浅井三代記』(『改訂史籍集覧』第六/近藤活版所/一九〇〇年)
『総見記』(遠山信春著/東京大学史料編纂所所蔵版本)
「池田家履歴略記」「当代記」「管文書」(『大日本史料』第十二編之四/東京大学史料編纂所編/一九〇三年)
『大日本史料』第十二編之二(東京大学史料編纂所編/一九〇一年)
『大日本史料』第十二編之十一(東京大学史料編纂所編/一九〇八年)
『大日本史料』第十二編之三十八(東京大学史料編纂所編/一九五六年)
「津軽旧記」(『大日本史料』第十二編之三十八/前掲)
「元和年録」(『内閣文庫所蔵史籍叢刊』65/汲古書院/一九八六年)
「江城年録」(『内閣文庫所蔵史籍叢刊』81/汲古書院/一九八八年)
「治国寿夜話」(『大日本史料』第十二編之四/東京大学史料編纂所編/一九〇三年)

「慶長見聞録案紙」（『内閣文庫所蔵史籍叢刊』65／汲古書院／一九八六年）
「色道大鏡」畠山箕山著（『続燕石十種』第三巻／中央公論社／一九八〇年）
「台徳院殿御実紀」（『新訂増補国史大系39徳川実紀』第二編／吉川弘文館／一九六四年）
「堀内傳右衛門覚書」（鍋田晶山編『赤穂義人纂書』第一／国書刊行会／一九〇〇年）
「細川家御預始末記」（『赤穂義士史料』中巻／中央義士会編・渡辺世祐校訂／雄山閣／一九三一年）
「政隣記」（『加賀藩史料』第五編／侯爵前田家編輯部編／一九三二年）
『延享録』国立公文書館「内閣文庫」所蔵
「伊勢兵部・新納内蔵連署状」（『鹿児島県史料　旧記雑録追録五』鹿児島県維新史料編さん所／一九七五年）
「海蔵寺文書」「大嶽善右衛門供述書」「青木次郎九郎聞取書」
（伊藤信著『宝暦治水と薩摩義士』／鶴書房／一九四三年）
「平田靱負書状」（『鹿児島県史料　旧記雑録追録五』前掲）

第二章

「大猷院殿御実紀」（『新訂増補国史大系40徳川実紀』第三編／吉川弘文館／一九六四年）
『会津藩家世実紀』第一巻〜第三巻（前掲／一九七五年〜一九七七年）
『池田光政日記』（藤井駿・水野恭一郎・谷口澄夫編／国書刊行会／一九八三年）
「政隣記」「三壺記」「袖裏雑記」「五公譜略」「凌新秘策」
（『加賀藩史料』第二編〜第六編／前掲／一九三〇年〜一九三三年）
『毛利氏四代実録考証論断』山口県文書館「毛利家文庫」所蔵
「長崎喧嘩録」（中尾正美『郷土史深堀』長崎市深堀地区連合自治会／一九八七年）
「惇信院殿御実紀」（『新訂増補国史大系46徳川実紀』第九編／吉川弘文館／一九六六年）
『延享録』国立公文書館「内閣文庫」所蔵

「大奥秘記」（柴田宵曲編『幕末の武家』／青蛙房／一九七一年）
「よしの冊子」（安藤菊二責任編集『随筆百花苑』第八巻／中央公論社／一九八〇年）

第三章

『会津藩家世実紀』第一巻～第五巻（前掲／一九七五年～一九七九年）

第四章

「長家御証箱雑記」（『石川県史』第二編／石川県／一九二八年）
「長氏文書」（『加賀藩史料』第四編／前掲／一九三一年）
『葉隠』（山本常朝著、相良亨・佐藤正英校訂『日本思想大系　三河物語・葉隠』／岩波書店／一九七四年）
『文化朋党実録』（山本正誼著、東京大学史料編纂所所蔵「島津家本」）

第五章

「微妙公御夜話」「三壺記」「懐恵夜話」（『加賀藩史料』第二編／前掲／一九三〇年）
『会津藩家世実紀』第一巻（前掲／一九七五年）
「屠腹ニ関スル事実」（前掲）
『武道初心集』（大道寺友山著・古川哲史校訂／岩波書店／一九四三年）
『国司信濃親相伝』（堀山久夫編著／マツノ書店／一九九五年）

引用および参考文献

伊藤　信　『宝暦治水と薩摩義士』鶴書房／一九四三年
伊藤孝幸　「内藤十左衛門切腹一件の処理における公的文書の性格」
　　（『名古屋大学古川総合研究資料館報告』七号／一九九一年）
石川県編　『石川県史』第二編／一九二八年
氏家幹人　『江戸藩邸物語』中公新書／一九八八年
　同　　　『大江戸残酷物語』洋泉社 y 新書／二〇〇二年
大隅三好　『切腹の歴史』（復刻版）雄山閣／一九九五年
笠谷和比古　『主君「押込」の構造』平凡社／一九八八年
　同　　　『近世武家社会の政治構造』吉川弘文館／一九九三年
北原　進　『百万都市江戸の生活』角川選書／一九九一年
作道洋太郎　「藩札」（『国史大辞典』吉川弘文館／一九九〇年）
杉山　博　「永享の乱」（『国史大辞典』吉川弘文館／一九八〇年）
鈴木重三　「柳亭種彦」（『国史大辞典』吉川弘文館／一九九三年）
高木昭作　『日本近世国家史の研究』岩波書店／一九九〇年
千葉徳爾　『日本人はなぜ切腹するのか』東京堂出版／一九九四年
新渡戸稲造　『武士道』岩波文庫／一九三八年
原口虎雄　『幕末の薩摩』中公新書／一九六六年
堀山久夫（編著）『国司信濃親相伝』（復刻版）マツノ書店／一九九五年
松田　修　『刺青・性・死』平凡社選書／一九七二年

三田村鳶魚『敵討の話・幕府のスパイ政治』中公文庫／一九九七年
森　銑三「柳亭種彦」（『森銑三著作集』第一巻／中央公論社／一九七〇年）
山本博文『寛永時代』吉川弘文館／一九八九年
同『殉死の構造』弘文堂／一九九五年
同『「葉隠」の武士道』ＰＨＰ新書／二〇〇一年
渡辺世祐『正史赤穂義士』（復刻版）光和堂／一九七五年

〔付記〕本書は、文部科学省特別推進研究（ＣＯＥ）「前近代日本史料の構造と情報資源化の研究」の研究成果の一つである。執筆にあたっては、東京大学史料編纂所「編年史料網データベース」を利用した。

山本博文（やまもとひろふみ）
1957年岡山県生まれ。東京大学文学部卒業。82年、同大学院修了。文学博士。現在、東京大学史料編纂所教授。92年、『江戸お留守居役の日記』（読売新聞社）で第40回日本エッセイスト・クラブ賞を受賞。日本近世史を専門とし、史料を丹念に掘り起こした著書には、『寛永時代』（吉川弘文館）、『殉死の構造』（弘文堂）、『長崎聞役日記』（ちくま新書）、『江戸のお白州』（文春新書）、『鳶魚で江戸を読む』（中央公論新社）、『読み方で江戸の歴史はこう変わる』（東京書籍）、『サラリーマン武士道』『鬼平と出世』（講談社現代新書）『加賀繁盛記』（日本放送出版協会）、『遊びをする将軍踊る大名』（教育出版）、『「葉隠」の武士道』（PHP 新書）など多数。

切腹《せっぷく》 日本人《にほんじん》の責任《せきにん》の取《と》り方《かた》

2003年5月20日初版1刷発行

著　者 ― 山本博文
発行者 ― 加藤寛一
装　幀 ― アラン・チャン
印刷所 ― 萩原印刷
製本所 ― 明泉堂製本
発行所 ― 株式会社 光文社
東京都文京区音羽1　振替00160-3-115347
電　話 ― 編集部03(5395)8289　販売部03(5395)8114
業務部03(5395)8125
メール ― sinsyo@kobunsha.com

 ISBN 4-334-03199-4